GRÖLS Verlage

„BÜCHER SIND WIE FALLSCHIRME. SIE NÜTZEN UNS NICHTS, WENN WIR SIE NICHT ÖFFNEN.“

**Gröls Verlag**

## Redaktionelle Hinweise und Impressum

Das vorliegende Werk wurde zugunsten der Authentizität sehr zurückhaltend bearbeitet. So wurden etwa ursprüngliche Rechtschreibfehler *nicht* systematisch behoben, denn kleine Unvollkommenheiten machen das Buch – wie im Übrigen den Menschen – erst authentisch. Mitunter wurden jedoch zum Beispiel Absätze behutsam neu getrennt, um den Lesefluss zu erleichtern.

Um die Texte zu rekonstruieren, werden antiquarische Bücher von Lesegeräten gescannt und dann durch eine Software lesbar gemacht. Der so entstandene Text wird von Menschen gegengelesen und korrigiert – hierbei treten auch Fehler auf. Wenn Sie ebenfalls antiquarische Texte einreichen möchten, finden Sie weitere Informationen auf www.groels.de

Viel Freude bei der Lektüre wünscht Ihnen das Team des Gröls-Verlags.

**Adressen**

Verleger: Sophia Gröls, Im Borngrund 26, 61440 Oberursel

Externer Dienstleister für Distribution & Herstellung: BoD, In de Tarpen 42, 22848 Norderstedt

**Unsere „Edition | Werke der Weltliteratur“** hat den Anspruch, eine der größten und vollständigsten Sammlungen klassischer Literatur in deutscher Sprache zu sein. Nach und nach versammeln wir hier nicht nur die „üblichen Verdächtigen“ von Goethe bis Schiller, sondern auch Kleinode der vergangenen Jahrhunderte, die – zu Unrecht – drohen, in Vergessenheit zu geraten. Wir kultivieren und kuratieren damit einen der wertvollsten Bereiche der abendländischen Kultur. Kleine Auswahl:

**Francis Bacon** • Neues Organon • **Balzac** • Glanz und Elend der Kurtisanen • **Joachim H. Campe** • Robinson der Jüngere • **Dante Alighieri** • Die Göttliche Komödie • **Daniel Defoe** • Robinson Crusoe • **Charles Dickens** • Oliver Twist • **Denis Diderot** • Jacques der Fatalist • **Fjodor Dostojewski** • Schuld und Sühne • **Arthur Conan Doyle** • Der Hund von Baskerville • **Marie von Ebner-Eschenbach** • Das Gemeindekind • **Elisabeth von Österreich** • Das Poetische Tagebuch • **Friedrich Engels** • Die Lage der arbeitenden Klasse • **Ludwig Feuerbach** • Das Wesen des Christentums • **Johann G. Fichte** • Reden an die deutsche Nation • **Fitzgerald** • Zärtlich ist die Nacht • **Flaubert** • Madame Bovary • **Gorch Fock** • Seefahrt ist not! • **Theodor Fontane** • Effi Briest • **Robert Musil** • Über die Dummheit • **Edgar Wallace** • Der Frosch mit der Maske • **Jakob Wassermann** • Der Fall Maurizius • **Oscar Wilde** • Das Bildnis des Dorian Grey • **Émile Zola** • Germinal • **Stefan Zweig** • Schachnovelle • **Hugo von Hofmannsthal** • Der Tor und der Tod • **Anton Tschechow** • Ein Heiratsantrag • **Arthur Schnitzler** • Reigen • **Friedrich Schiller** • Kabale und Liebe • **Nicolo Machiavelli** • Der Fürst • **Gotthold E. Lessing** • Nathan der Weise • **Augustinus** • Die Bekenntnisse des heiligen Augustinus • **Marcus Aurelius** • Selbstbetrachtungen • **Charles Baudelaire** • Die Blumen des Bösen • **Harriett Stowe** • Onkel Toms Hütte • **Walter Benjamin** • Deutsche Menschen • **Hugo Bettauer** • Die Stadt ohne Juden • **Lewis Caroll** • *und viele mehr….*

# Johann Wolfgang von Goethe

# Gedichte. Ausgabe letzter Hand

## Inhalt

## Zueignung

Der Morgen kam; es scheuchten seine Tritte
Den leisen Schlaf, der mich gelind umfing,
Daß ich, erwacht, aus meiner stillen Hütte
Den Berg hinauf mit frischer Seele ging;
Ich freute mich bei einem jeden Schritte
Der neuen Blume, die voll Tropfen hing;
Der junge Tag erhob sich mit Entzücken,
Und alles war erquickt, mich zu erquicken.

Und wie ich stieg, zog von dem Fluß der Wiesen
Ein Nebel sich in Streifen sacht hervor;
Er wich und wechselte, mich zu umfließen,
Und wuchs geflügelt mir ums Haupt empor:
Des schönen Blicks sollt ich nicht mehr genießen,
Die Gegend deckte mir ein trüber Flor;
Bald sah ich mich von Wolken wie umgossen
Und mit mir selbst in Dämmrung eingeschlossen.

Auf einmal schien die Sonne durchzudringen,
Im Nebel ließ sich eine Klarheit sehn.
Hier sank er, leise sich hinabzuschwingen,
Hier teilt' er steigend sich um Wald und Höhn.
Wie hofft ich ihr den ersten Gruß zu bringen!
Sie hofft ich nach der Trübe doppelt schön.
Der luftge Kampf war lange nicht vollendet,
Ein Glanz umgab mich, und ich stand geblendet.

Bald machte mich, die Augen aufzuschlagen,
Ein innrer Trieb des Herzens wieder kühn,
Ich konnt es nur mit schnellen Blicken wagen,
Denn alles schien zu brennen und zu glühn.
Da schwebte, mit den Wolken hergetragen,
Ein göttlich Weib vor meinen Augen hin,

Kein schöner Bild sah ich in meinem Leben,
Sie sah mich an und blieb verweilend schweben.

Kennst du mich nicht? sprach sie mit einem Munde,
Dem aller Lieb und Treue Ton entfloß:
Erkennst du mich, die ich in manche Wunde
Des Lebens dir den reinsten Balsam goß?
Du kennst mich wohl, an die, zu ewgem Bunde,
Dein strebend Herz sich fest und fester schloß.
Sah ich dich nicht mit heißen Herzenstränen
Als Knabe schon nach mir dich eifrig sehnen?

Ja! rief ich aus, indem ich selig nieder
Zur Erde sank, lang hab ich dich gefühlt;
Du gabst mir Ruh, wenn durch die jungen Glieder
Die Leidenschaft sich rastlos durchgewühlt;
Du hast mir wie mit himmlischem Gefieder
Am heißen Tag die Stirne sanft gekühlt;
Du schenktest mir der Erde beste Gaben,
Und jedes Glück will ich durch dich nur haben!

Dich nenn ich nicht. Zwar hör ich dich von vielen
Gar oft genannt, und jeder heißt dich *sein*,
Ein jedes Auge glaubt auf dich zu zielen,
Fast jedem Auge wird dein Strahl zur Pein.
Ach, da ich irrte, hatt ich viel Gespielen,
Da ich dich kenne, bin ich fast allein;
Ich muß mein Glück nur mit mir selbst genießen,
Dein holdes Licht verdecken und verschließen.

Sie lächelte, sie sprach: Du siehst, wie klug,
Wie nötig wars, euch wenig zu enthüllen!
Kaum bist du sicher vor dem gröbsten Trug,
Kaum bist du Herr vom ersten Kinderwillen,
So glaubst du dich schon Übermensch genug,
Versäumst die Pflicht des Mannes zu erfüllen!

Wieviel bist du von andern unterschieden?
Erkenne dich, leb mit der Welt in Frieden!

Verzeih mir, rief ich aus, ich meint es gut;
Soll ich umsonst die Augen offen haben?
Ein froher Wille lebt in meinem Blut,
Ich kenne ganz den Wert von deinen Gaben!
Für andre wächst in mir das edle Gut,
Ich kann und will das Pfund nicht mehr vergraben!
Warum sucht ich den Weg so sehnsuchtsvoll,
Wenn ich ihn nicht den Brüdern zeigen soll?

Und wie ich sprach, sah mich das hohe Wesen
Mit einem Blick mitleidger Nachsicht an;
Ich konnte mich in ihrem Auge lesen,
Was ich verfehlt und was ich recht getan.
Sie lächelte, da war ich schon genesen,
Zu neuen Freuden stieg mein Geist heran;
Ich konnte nun mit innigem Vertrauen
Mich zu ihr nahn und ihre Nähe schauen.

Da reckte sie die Hand aus in die Streifen
Der leichten Wolken und des Dufts umher;
Wie sie ihn faßte, ließ er sich ergreifen,
Er ließ sich ziehn, es war kein Nebel mehr.
Mein Auge konnt im Tale wieder schweifen,
Gen Himmel blickt ich, er war hell und hehr.
Nur sah ich sie den reinsten Schleier halten,
Er floß um sie und schwoll in tausend Falten.

Ich kenne dich, ich kenne deine Schwächen,
Ich weiß, was Gutes in dir lebt und glimmt!
– So sagte sie, ich hör sie ewig sprechen –
Empfange hier, was ich dir lang bestimmt;
Dem Glücklichen kann es an nichts gebrechen,
Der dies Geschenk mit stiller Seele nimmt:

Aus Morgenduft gewebt und Sonnenklarheit,
Der Dichtung Schleier aus der Hand der Wahrheit.

Und wenn es dir und deinen Freunden schwüle
Am Mittag wird, so wirf ihn in die Luft!
Sogleich umsäuselt Abendwindes Kühle,
Umhaucht euch Blumen-Würzgeruch und Duft.
Es schweigt das Wehen banger Erdgefühle,
Zum Wolkenbette wandelt sich die Gruft,
Besänftiget wird jede Lebenswelle,
Der Tag wird lieblich, und die Nacht wird helle.

So kommt denn, Freunde, wenn auf euren Wegen
Des Lebens Bürde schwer und schwerer drückt,
Wenn eure Bahn ein frischerneuter Segen
Mit Blumen ziert, mit goldnen Früchten schmückt,
Wir gehn vereint dem nächsten Tag entgegen!
So leben wir, so wandeln wir beglückt.
Und dann auch soll, wenn Enkel um uns trauern,
Zu ihrer Lust noch unsre Liebe dauern.

## Lieder

*Spät erklingt, was früh erklang,*
*Glück und Unglück wird Gesang.*

### Vorklage

Wie nimmt ein leidenschaftlich Stammeln
Geschrieben sich so seltsam aus!
Nun soll ich gar von Haus zu Haus
Die losen Blätter alle sammeln.

Was eine lange, weite Strecke
Im Leben voneinander stand,
Das kommt nun unter Einer Decke
Dem guten Leser in die Hand.

Doch schäme dich nicht der Gebrechen,
Vollende schnell das kleine Buch;
Die Welt ist voller Widerspruch,
Und sollte sichs nicht widersprechen?

## An die Günstigen

Dichter lieben nicht zu schweigen,
Wollen sich der Menge zeigen.
Lob und Tadel muß ja sein!
Niemand beichtet gern in Prosa;
Doch vertraun wir oft sub Rosa
In der Musen stillem Hain.

Was ich irrte, was ich strebte,
Was ich litt und was ich lebte,
Sind hier Blumen nur im Strauß;
Und das Alter wie die Jugend,
Und der Fehler wie die Tugend
Nimmt sich gut in Liedern aus.

# Stirbt der Fuchs, so gilt der Balg

Nach Mittage saßen wir
Junges Volk im Kühlen;
Amor kam, und *Stirbt der Fuchs*
Wollt er mit uns spielen.

Jeder meiner Freunde saß
Froh bei seinem Herzchen;
Amor blies die Fackel aus,
Sprach: Hier ist das Kerzchen!

Und die Fackel, wie sie glomm,
Ließ man eilig wandern,
Jeder drückte sie geschwind
In die Hand des andern.

Und mir reichte Dorilis
Sie mit Spott und Scherze;
Kaum berührt mein Finger sie,
Hell entflammt die Kerze,

Sengt mir Augen und Gesicht,
Setzt die Brust in Flammen,
Über meinem Haupte schlug
Fast die Glut zusammen.

Löschen wollt ich, patschte zu,
Doch es brennt beständig;
Statt zu sterben, ward der Fuchs
Recht bei mir lebendig.

## Blinde Kuh

O liebliche Therese!
Wie wandelt gleich ins Böse
Dein offnes Auge sich!
Die Augen zugebunden,
Hast du mich schnell gefunden,
Und warum fingst du eben mich?

Du faßtest mich aufs beste
Und hieltest mich so feste,
Ich sank in deinen Schoß.
Kaum warst du aufgebunden,
War alle Lust verschwunden,
Du ließest kalt den Blinden los.

Er tappte hin und wider,
Verrenkte fast die Glieder,
Und alle foppten ihn.
Und willst du mich nicht lieben,
So geh ich stets im Trüben,
Wie mit verbundenen Augen, hin.

## Rettung

Mein Mädchen ward mir ungetreu,
Das machte mich zum Freudenhasser;
Da lief ich an ein fließend Wasser,
Das Wasser lief vor mir vorbei.

Da stand ich nun, verzweiflend, stumm,
Im Kopfe war mirs wie betrunken,
Fast wär ich in den Strom gesunken,
Es ging die Welt mit mir herum.

Auf einmal hört ich was, das rief –
Ich wandte just dahin den Rücken –
Es war ein Stimmchen zum Entzücken:
„Nimm dich in acht! der Fluß ist tief."

Da lief mir was durchs ganze Blut,
Ich seh, so ists ein liebes Mädchen;
Ich frage sie: Wie heißt du? „Käthchen!"
O schönes Käthchen! Du bist gut.

Du hältst vom Tode mich zurück,
Auf immer dank ich dir mein Leben;
Allein das heißt mir wenig geben,
Nun sei auch meines Lebens Glück!

Und dann klagt ich ihr meine Not,
Sie schlug die Augen lieblich nieder;
Ich küßte sie und sie mich wieder,
Und – vor der Hand nichts mehr von Tod.

## Gefunden

Ich ging im Walde
So für mich hin,
Und nichts zu suchen,
Das war mein Sinn.

Im Schatten sah ich
Ein Blümchen stehn,
Wie Sterne leuchtend,
Wie Äuglein schön.

Ich wollt es brechen,
Da sagt' es fein:
Soll ich zum Welken
Gebrochen sein?

Ich grubs mit allen
Den Würzlein aus,
Zum Garten trug ichs
Am hübschen Haus.

Und pflanzt es wieder
Am stillen Ort;
Nun zweigt es immer
Und blüht so fort.

## Wechsellied zum Tanze

### *Die Gleichgültigen*

Komm mit, o Schöne, komm mit mir zum Tanze;
Tanzen gehöret zum festlichen Tag.
Bist du mein Schatz nicht, so kannst du es werden,
Wirst du es nimmer, so tanzen wir doch.
Komm mit, o Schöne, komm mit mir zum Tanze;
Tanzen verherrlicht den festlichen Tag.

### *Die Zärtlichen*

Ohne dich, Liebste, was wären die Feste?
Ohne dich, Süße, was wäre der Tanz?
Wärst du mein Schatz nicht, so möcht ich nicht tanzen,
Bleibst du es immer, ist Leben ein Fest.
Ohne dich, Liebste, was wären die Feste?
Ohne dich, Süße, was wäre der Tanz?

### *Die Gleichgültigen*

Laß sie nur lieben, und laß du uns tanzen!
Schmachtende Liebe vermeidet den Tanz.
Schlingen wir fröhlich den drehenden Reihen,
Schleichen die andern zum dämmernden Wald.

Laß sie nur lieben, und laß du uns tanzen!
Schmachtende Liebe vermeidet den Tanz.

*Die Zärtlichen*

Laß sie sich drehen, und laß du uns wandeln!
Wandeln der Liebe ist himmlischer Tanz.
Amor, der nahe, der höret sie spotten,
Rächet sich einmal, und rächet sich bald.
Laß sie sich drehen, und laß du uns wandeln!
Wandeln der Liebe ist himmlischer Tanz.

## Kriegserklärung

Wenn ich doch so schön wär
Wie die Mädchen auf dem Land.
Sie tragen gelbe Hüte
Mit rosenrotem Band.

Glauben, daß man schön sei,
Dächt ich, ist erlaubt.
In der Stadt, ach! ich hab es
Dem Junker geglaubt.

Nun im Frühling, ach! ists
Um die Freuden getan;
Ihn ziehen die Dirnen,
Die ländlichen, an.

Und die Taill und den Schlepp
Verändr ich zur Stund;
Das Leibchen ist länger,
Das Röckchen ist rund.

Trage gelblichen Hut
Und ein Mieder wie Schnee,
Und sichle mit andern
Den blühenden Klee.

Spürt er unter dem Chor
Etwas Zierliches aus,
Der lüsterne Knabe,
Er winkt mir ins Haus.

Ich begleit ihn verschämt,
Und er kennt mich noch nicht,
Er kneipt mir die Wangen
Und sieht mein Gesicht.

Die Städterin droht
Euch Dirnen den Krieg,
Und doppelte Reize
Behaupten den Sieg.

## Die Spröde

An dem reinsten Frühlingsmorgen
Ging die Schäferin und sang,
Jung und schön und ohne Sorgen,
Daß es durch die Felder klang,
So la la! le ralla!

Thyrsis bot ihr für ein Mäulchen
Zwei, drei Schäfchen gleich am Ort.
Schalkhaft blickte sie ein Weilchen,
Doch sie sang und lachte fort,
So la la! le ralla!

Und ein andrer bot ihr Bänder,
Und der dritte bot sein Herz;
Doch sie trieb mit Herz und Bändern
So wie mit den Lämmern Scherz,
Nur la la! le ralla!

## Der Goldschmiedsgesell

Es ist doch meine Nachbarin
Ein allerliebstes Mädchen!
Wie früh ich in der Werkstatt bin,
Blick ich nach ihrem Lädchen.

Zu Ring und Kette poch ich dann
Die feinen goldnen Drähtchen.
Ach, denk ich, wann, und wieder, wann
Ist solch ein Ring für Käthchen?

Und tut sie erst die Schaltern auf,
Da kommt das ganze Städtchen
Und feilscht und wirbt mit hellem Hauf
Ums Allerlei im Lädchen.

Ich feile; wohl zerfeil ich dann
Auch manches goldne Drähtchen.
Der Meister brummt, der harte Mann!
Er merkt, es war das Lädchen.

Und flugs, wie nur der Handel still,
Gleich greift sie nach dem Rädchen.
Ich weiß wohl, was sie spinnen will:
Es hofft das liebe Mädchen.

Das kleine Füßchen tritt und tritt;
Da denk ich mir das Wädchen,

Das Strumpfband denk ich auch wohl mit,
Ich schenkts dem lieben Mädchen.

Und nach den Lippen führt der Schatz
Das allerfeinste Fädchen.
O wär ich doch an seinem Platz,
Wie küßt ich mir das Mädchen!

## Verschiedene Empfindungen an einem Platze

### *Das Mädchen*

Ich hab ihn gesehen!
Wie ist mir geschehen?
O himmlischer Blick!
Er kommt mir entgegen;
Ich weiche verlegen,
Ich schwanke zurück.
Ich irre, ich träume!
Ihr Felsen, ihr Bäume,
Verbergt meine Freude,
Verberget mein Glück!

### *Der Jüngling*

Hier muß ich sie finden!
Ich sah sie verschwinden,
Ihr folgte mein Blick.
Sie kam mir entgegen,
Dann trat sie verlegen
Und schamrot zurück.
Ists Hoffnung, sinds Träume?
Ihr Felsen, ihr Bäume,

Entdeckt mir die Liebste,
Entdeckt mir mein Glück!

*Der Schmachtende*

Hier klag ich verborgen
Dem tauenden Morgen
Mein einsam Geschick.
Verkannt von der Menge,
Wie zieh ich ins Enge
Mich stille zurück!
O zärtliche Seele,
O schweige, verhehle
Die ewigen Leiden,
Verhehle dein Glück!

*Der Jäger*

Es lohnet mich heute
Mit doppelter Beute
Ein gutes Geschick.
Der redliche Diener
Bringt Hasen und Hühner
Beladen zurück.
Hier find ich gefangen
Auch Vögel noch hangen.
Es lebe der Jäger,
Es lebe sein Glück!

## Der Abschied

Laß mein Aug den Abschied sagen,
Den mein Mund nicht nehmen kann!

Schwer, wie schwer ist er zu tragen!
Und ich bin doch sonst ein Mann.

Traurig wird in dieser Stunde
Selbst der Liebe süßtes Pfand,
Kalt der Kuß von deinem Munde,
Matt der Druck von deiner Hand.

Sonst, ein leicht gestohlnes Mäulchen,
O wie hat es mich entzückt!
So erfreuet uns ein Veilchen,
Das man früh im März gepflückt.

Doch ich pflücke nun kein Kränzchen,
Keine Rose mehr für dich.
Frühling ist es, liebes Fränzchen,
Aber leider Herbst für mich!

## Glück und Traum

Du hast uns oft im Traum gesehen
Zusammen zum Altare gehen,
Und dich als Frau, und mich als Mann.
Oft nahm ich wachend deinem Munde,
In einer unbewachten Stunde,
So viel man Küsse nehmen kann.

Das reinste Glück, das wir empfunden,
Die Wollust mancher reichen Stunden
Floh wie die Zeit mit dem Genuß.
Was hilft es mir, daß ich genieße?
Wie Träume fliehn die wärmsten Küsse,
Und alle Freude wie ein Kuß.

## Glück der Entfernung

Trink, o Jüngling! heilges Glücke
Taglang aus der Liebsten Blicke;
Abends gaukl ihr Bild dich ein.
Kein Verliebter hab es besser;
Doch das Glück bleibt immer größer,
Fern von der Geliebten sein.

Ewge Kräfte, Zeit und Ferne,
Heimlich wie die Kraft der Sterne,
Wiegen dieses Blut zur Ruh.
Mein Gefühl wird stets erweichter;
Doch mein Herz wird täglich leichter,
Und mein Glück nimmt immer zu.

Nirgends kann ich sie vergessen,
Und doch kann ich ruhig essen,
Heiter ist mein Geist und frei;
Und unmerkliche Betörung
Macht die Liebe zur Verehrung,
Die Begier zur Schwärmerei.

Aufgezogen durch die Sonne
Schwimmt im Hauch ätherscher Wonne
So das leichtste Wölkchen nie,
Wie mein Herz in Ruh und Freude.
Frei von Furcht, zu groß zum Neide,
Lieb ich, ewig lieb ich sie!

## Brautnacht

Im Schlafgemach, entfernt vom Feste,
Sitzt Amor dir getreu und bebt,
Daß nicht die List mutwillger Gäste
Des Brautbetts Frieden untergräbt.
Es blinkt mit mystisch heilgem Schimmer
Vor ihm der Flammen blasses Gold,
Ein Weihrauchswirbel füllt das Zimmer,
Damit ihr recht genießen sollt.

Wie schlägt dein Herz beim Schlag der Stunde,
Der deiner Gäste Lärm verjagt,
Wie glühst du nach dem schönen Munde,
Der bald verstummt und nichts versagt.
Du eilst, um alles zu vollenden,
Mit ihr ins Heiligtum hinein;
Das Feuer in des Wächters Händen
Wird wie ein Nachtlicht still und klein.

Wie bebt vor deiner Küsse Menge
Ihr Busen und ihr voll Gesicht;
Zum Zittern wird nun ihre Strenge,
Denn deine Kühnheit wird zur Pflicht.
Schnell hilft dir Amor sie entkleiden
Und ist nicht halb so schnell als du;
Dann hält er schalkhaft und bescheiden
Sich fest die beiden Augen zu.

## Unschuld

Schönste Tugend einer Seele,
Reinster Quell der Zärtlichkeit!
Mehr als Byron, als Pamele
Ideal und Seltenheit!

Wenn ein andres Feuer brennet,
Flieht dein zärtlich schwaches Licht;
Dich fühlt nur, wer dich nicht kennet,
Wer dich kennt, der fühlt dich nicht.

Göttin, in dem Paradiese
Lebtest du mit uns vereint;
Noch erscheinst du mancher Wiese
Morgens, eh die Sonne scheint.
Nur der sanfte Dichter siehet
Dich im Nebelkleide ziehn;
Phöbus kommt, der Nebel fliehet,
Und im Nebel bist du hin.

## Novemberlied

Dem Schützen, doch dem alten nicht,
Zu dem die Sonne flieht,
Der uns ihr fernes Angesicht
Mit Wolken überzieht;

Dem Knaben sei dies Lied geweiht,
Der zwischen Rosen spielt,
Uns höret und zur rechten Zeit
Nach schönen Herzen zielt.

Durch ihn hat uns des Winters Nacht,
So häßlich sonst und rauh,
Gar manchen werten Freund gebracht
Und manche liebe Frau.

Von nun an soll sein schönes Bild
Am Sternenhimmel stehn,
Und er soll ewig, hold und mild,
Uns auf- und untergehn.

## Erster Verlust

Ach, wer bringt die schönen Tage,
Jene Tage der ersten Liebe,
Ach, wer bringt nur eine Stunde
Jener holden Zeit zurück!

Einsam nähr ich meine Wunde,
Und mit stets erneuter Klage
Traur ich ums verlorne Glück.

Ach, wer bringt die schönen Tage,
Jene holde Zeit zurück!

## Nähe des Geliebten

Ich denke dein, wenn mir der Sonne Schimmer
Vom Meere strahlt;
Ich denke dein, wenn sich des Mondes Flimmer
In Quellen malt.

Ich sehe dich, wenn auf dem fernen Wege
Der Staub sich hebt;
In tiefer Nacht, wenn auf dem schmalen Stege
Der Wandrer bebt.

Ich höre dich, wenn dort mit dumpfem Rauschen
Die Welle steigt.
Im stillen Haine geh ich oft zu lauschen,
Wenn alles schweigt.

Ich bin bei dir, du seist auch noch so ferne,
Du bist mir nah!

Die Sonne sinkt, bald leuchten mir die Sterne.
O wärst du da!

## An die Entfernte

So hab ich wirklich dich verloren?
Bist du, o Schöne, mir entflohn?
Noch klingt in den gewohnten Ohren
Ein jedes Wort, ein jeder Ton.

So wie des Wandrers Blick am Morgen
Vergebens in die Lüfte dringt,
Wenn, in dem blauen Raum verborgen,
Hoch über ihm die Lerche singt:

So dringet ängstlich hin und wieder
Durch Feld und Busch und Wald mein Blick;
Dich rufen alle meine Lieder:
O komm, Geliebte, mir zurück!

## Die Freuden

Es flattert um die Quelle
Die wechselnde Libelle,
Mich freut sie lange schon;
Bald dunkel und bald helle,
Wie der Chamäleon,
Bald rot, bald blau,
Bald blau, bald grün.
O daß ich in der Nähe
Doch ihre Farben sähe!

Sie schwirrt und schwebet, rastet nie!
Doch still, sie setzt sich an die Weiden.

Da hab ich sie! Da hab ich sie!
Und nun betracht ich sie genau,
Und seh ein traurig dunkles Blau –

So geht es dir, Zergliedrer deiner Freuden!

## Wechsel

Auf Kieseln im Bache da lieg ich, wie helle!
Verbreite die Arme der kommenden Welle,
Und buhlerisch drückt sie die sehnende Brust;
Dann führt sie der Leichtsinn im Strome danieder,
Es naht sich die zweite, sie streichelt mich wieder:
So fühl ich die Freuden der wechselnden Lust.

Und doch, und so traurig, verschleifst du vergebens
Die köstlichen Stunden des eilenden Lebens,
Weil dich das geliebteste Mädchen vergißt!
O ruf sie zurücke, die vorigen Zeiten!
Es küßt sich so süße die Lippe der Zweiten,
Als kaum sich die Lippe der Ersten geküßt.

## Meeres Stille

Tiefe Stille herrscht im Wasser,
Ohne Regung ruht das Meer,
Und bekümmert sieht der Schiffer
Glatte Fläche ringsumher.
Keine Luft von keiner Seite!
Todesstille fürchterlich!
In der ungeheuern Weite
Reget keine Welle sich.

## Mut

Sorglos über die Fläche weg,
Wo vom kühnsten Wager die Bahn
Dir nicht vorgegraben du siehst,
Mache dir selber Bahn!

Stille, Liebchen, mein Herz!
Krachts gleich, brichts doch nicht!
Brichts gleich, brichts nicht mit dir!

## Willkommen und Abschied

### Frühere Fassung

Es schlug mein Herz. Geschwind, zu Pferde!
Und fort, wild wie ein Held zur Schlacht.
Der Abend wiegte schon die Erde,
Und an den Bergen hing die Nacht.
Schon stund im Nebelkleid die Eiche
Wie ein getürmter Riese da,
Wo Finsternis aus dem Gesträuche
Mit hundert schwarzen Augen sah.

Der Mond von einem Wolkenhügel
Sah schläfrig aus dem Duft hervor,
Die Winde schwangen leise Flügel,
Umsausten schauerlich mein Ohr.
Die Nacht schuf tausend Ungeheuer,
Doch tausendfacher war mein Mut,
Mein Geist war ein verzehrend Feuer,
Mein ganzes Herz zerfloß in Glut.

Ich sah dich, und die milde Freude
Floß aus dem süßen Blick auf mich.
Ganz war mein Herz an deiner Seite,

Und jeder Atemzug für dich.
Ein rosenfarbes Frühlingswetter
Lag auf dem lieblichen Gesicht
Und Zärtlichkeit für mich, ihr Götter,
Ich hofft es, ich verdient es nicht.

Der Abschied, wie bedrängt, wie trübe!
Aus deinen Blicken sprach dein Herz.
In deinen Küssen welche Liebe,
O welche Wonne, welcher Schmerz!
Du gingst, ich stund und sah zur Erden
Und sah dir nach mit nassem Blick.
Und doch, welch Glück, geliebt zu werden.
Und lieben, Götter, welch ein Glück!

### Spätere Fassung

Es schlug mein Herz, geschwind zu Pferde
Es war getan fast eh gedacht.
Der Abend wiegte schon die Erde,
Und an den Bergen hing die Nacht;
Schon stand im Nebelkleid die Eiche,
Ein aufgetürmter Riese, da,
Wo Finsternis aus dem Gesträuche
Mit hundert schwarzen Augen sah.

Der Mond von einem Wolkenhügel
Sah kläglich aus dem Duft hervor,
Die Winde schwangen leise Flügel,
Umsausten schauerlich mein Ohr;
Die Nacht schuf tausend Ungeheuer,
Doch frisch und fröhlich war mein Mut:
In meinen Adern welches Feuer!
In meinem Herzen welche Glut!

Dich sah ich, und die milde Freude
Floß von dem süßen Blick auf mich;

Ganz war mein Herz an deiner Seite
Und jeder Atemzug für dich.
Ein rosenfarbnes Frühlingswetter
Umgab das liebliche Gesicht,
Und Zärtlichkeit für mich – ihr Götter!
Ich hofft es, ich verdient es nicht!

Doch ach, schon mit der Morgensonne
Verengt der Abschied mir das Herz:
In deinen Küssen welche Wonne!
In deinem Auge welcher Schmerz!
Ich ging, du standst und sahst zur Erden,
Und sahst mir nach mit nassem Blick:
Und doch, welch Glück, geliebt zu werden!
Und lieben, Götter, welch ein Glück!

## An Belinden

Warum ziehst du mich unwiderstehlich,
Ach, in jene Pracht?
War ich guter Junge nicht so selig
In der öden Nacht?

Heimlich in mein Zimmerchen verschlossen,
Lag im Mondenschein,
Ganz von seinem Schauerlicht umflossen,
Und ich dämmert ein;

Träumte da von vollen goldnen Stunden
Ungemischter Lust,
Hatte schon dein liebes Bild empfunden
Tief in meiner Brust.

Bin ichs noch, den du bei so viel Lichtern
An dem Spieltisch hältst?
Oft so unerträglichen Gesichtern
Gegenüber stellst?

Reizender ist mir des Frühlings Blüte
Nun nicht auf der Flur;
Wo du, Engel, bist, ist Lieb und Güte,
Wo du bist, Natur.

## Mit einem gemalten Band

### Frühere Fassung

Kleine Blumen, kleine Blätter
Streuen mir mit leichter Hand
Gute junge Frühlings-Götter
Tändlend auf ein luftig Band.

Zephir, nimms auf deine Flügel,
Schlings um meiner Liebsten Kleid!
Und dann tritt sie für den Spiegel
Mit zufriedner Munterkeit.

Sieht mit Rosen sich umgeben,
Sie wie eine Rose jung.
Einen Kuß, geliebtes Leben,
Und ich bin belohnt genung.

Schicksal, segne diese Triebe,
Laß mich ihr und laß sie mein,
Laß das Leben unsrer Liebe
Doch kein Rosen-Leben sein!

Mädchen, das wie ich empfindet,
Reich mir deine liebe Hand!
Und das Band, das uns verbindet,
Sei kein schwaches Rosen-Band!

### Spätere Fassung

Kleine Blumen, kleine Blätter
Streuen mir mit leichter Hand
Gute junge Frühlingsgötter
Tändelnd auf ein luftig Band.

Zephir, nimms auf deine Flügel,
Schlings um meiner Liebsten Kleid;
Und so tritt sie vor den Spiegel
All in ihrer Munterkeit.

Sieht mit Rosen sich umgeben,
Selbst wie eine Rose jung.
Einen Blick, geliebtes Leben!
Und ich bin belohnt genung.

Fühle, was dies Herz empfindet,
Reiche frei mir deine Hand,
Und das Band, das uns verbindet,
Sei kein schwaches Rosenband!

## An Lottchen

Mitten im Getümmel mancher Freuden,
Mancher Sorgen, mancher Herzensnot,
Denk ich dein, o Lottchen, denken dein die beiden,
Wie beim stillen Abendrot
Du die Hand uns freundlich reichtest,

Da du uns auf reich bebauter Flur,
In dem Schoße herrlicher Natur,
Manche leicht verhüllte Spur
Einer lieben Seele zeigtest.

Wohl ist mirs, daß ich dich nicht verkannt,
Daß ich gleich dich in der ersten Stunde,
Ganz den Herzensausdruck in dem Munde,
Dich ein wahres, gutes Kind genannt.

Still und eng und ruhig auferzogen
Wirft man uns auf einmal in die Welt;
Uns umspülen hunderttausend Wogen,
Alles reizt uns, mancherlei gefällt,
Mancherlei verdrießt uns, und von Stund zu Stunden
Schwankt das leichtunruhige Gefühl;
Wir empfinden, und was wir empfunden,
Spült hinweg das bunte Weltgewühl.

Wohl, ich weiß es, da durchschleicht uns innen
Manche Hoffnung, mancher Schmerz.
Lottchen, wer kennt unsre Sinnen?
Lottchen, wer kennt unser Herz?
Ach, es möchte gern gekannt sein, überfließen
In das Mitempfinden einer Kreatur,
Und vertrauend zwiefach neu genießen
Alles Leid und Freude der Natur.

Und da sucht das Aug oft so vergebens
Ringsumher und findet alles zu;
So vertaumelt sich der schönste Teil des Lebens
Ohne Sturm und ohne Ruh,
Und zu deinem ewgen Unbehagen
Stößt dich heute, was dich gestern zog.
Kannst du zu der Welt nur Neigung tragen,
Die so oft dich trog

Und bei deinem Weh, bei deinem Glücke
Blieb in eigenwillger, starrer Ruh?

Sieh, da tritt der Geist in sich zurücke,
Und das Herz – es schließt sich zu.

So fand ich dich und ging dir frei entgegen.
O sie ist wert, zu sein geliebt!
Rief ich, erflehte dir des Himmels reinsten Segen,
Den er dir nun in deiner Freundin gibt.

## Vom Berge

Wenn ich, liebe Lili, dich nicht liebte,
Welche Wonne gäb mir dieser Blick!
Und doch, wenn ich, Lili, dich nicht liebte,
Fänd ich hier und fänd ich dort mein Glück?

## Mailied

Zwischen Weizen und Korn,
Zwischen Hecken und Dorn,
Zwischen Bäumen und Gras,
Wo gehts Liebchen?
Sag mir das!

Fand mein Holdchen
Nicht daheim;
Muß das Goldchen
Draußen sein.

Grünt und blühet
Schön der Mai,
Liebchen ziehet
Froh und frei.

An dem Felsen beim Fluß,
Wo sie reichte den Kuß,
Jenen ersten im Gras,
Seh ich etwas!
Ist sie das?

## Herbstgefühl

Fetter grüne, du Laub,
Am Rebengeländer
Hier mein Fenster herauf!
Gedrängter quellet,
Zwillingsbeeren, und reifet
Schneller und glänzend voller!
Euch brütet der Mutter Sonne
Scheideblick, euch umsäuselt
Des holden Himmels
Fruchtende Fülle;
Euch kühlet des Mondes
Freundlicher Zauberhauch,
Und euch betauen, ach!
Aus diesen Augen
Der ewig belebenden Liebe
Vollschwellende Tränen.

# Schäfers Klagelied

Da droben auf jenem Berge,
Da steh ich tausendmal,
An meinem Stabe gebogen,
Und schaue hinab in das Tal.

Dann folg ich der weidenden Herde,
Mein Hündchen bewahret mir sie.
Ich bin herunter gekommen
Und weiß doch selber nicht wie.

Da stehet von schönen Blumen
Die ganze Wiese so voll.
Ich breche sie, ohne zu wissen,
Wem ich sie geben soll.

Und Regen, Sturm und Gewitter
Verpaß ich unter dem Baum.
Die Türe dort bleibet verschlossen;
Denn alles ist leider ein Traum.

Es stehet ein Regenbogen
Wohl über jenem Haus!
Sie aber ist weggezogen,
Und weit in das Land hinaus.

Hinaus in das Land und weiter,
Vielleicht gar über die See.
Vorüber, ihr Schafe, vorüber!
Dem Schäfer ist gar so weh.

## Nachtgesang

O gib, vom weichen Pfühle,
Träumend, ein halb Gehör!
Bei meinem Saitenspiele
Schlafe! was willst du mehr?

Bei meinem Saitenspiele
Segnet der Sterne Heer
Die ewigen Gefühle;
Schlafe! was willst du mehr?

Die ewigen Gefühle
Heben mich, hoch und hehr,
Aus irdischem Gewühle;
Schlafe! was willst du mehr?

Vom irdischen Gewühle
Trennst du mich nur zu sehr,
Bannst mich in diese Kühle;
Schlafe! was willst du mehr!

Bannst mich in diese Kühle,
Gibst nur im Traum Gehör.
Ach, auf dem weichen Pfühle
Schlafe! was willst du mehr?

## An Mignon

Über Tal und Fluß getragen,
Ziehet rein der Sonne Wagen.
Ach, sie regt in ihrem Lauf,
So wie deine, meine Schmerzen,

Tief im Herzen,
Immer morgens wieder auf.

Kaum will mir die Nacht noch frommen,
Denn die Träume selber kommen
Nun in trauriger Gestalt,
Und ich fühle dieser Schmerzen,
Still im Herzen
Heimlich bildende Gewalt.

Schon seit manchen schönen Jahren
Seh ich unten Schiffe fahren,
Jedes kommt an seinen Ort;
Aber ach, die steten Schmerzen,
Fest im Herzen,
Schwimmen nicht im Strome fort.

Schön in Kleidern muß ich kommen,
Aus dem Schrank sind sie genommen,
Weil es heute Festtag ist;
Niemand ahnet, daß von Schmerzen
Herz im Herzen
Grimmig mir zerrissen ist.

Heimlich muß ich immer weinen,
Aber freundlich kann ich scheinen
Und sogar gesund und rot;
Wären tödlich diese Schmerzen
Meinem Herzen,
Ach, schon lange wär ich tot.

## Geistes-Gruss

Hoch auf dem alten Turme steht
Des Helden edler Geist,
Der, wie das Schiff vorübergeht,
Es wohl zu fahren heißt.

„Sieh, diese Senne war so stark,
Dies Herz so fest und wild,
Die Knochen voll von Rittermark,
Der Becher angefüllt;

Mein halbes Leben stürmt ich fort,
Verdehnt die Hälft in Ruh,
Und du, du Menschen-Schifflein dort,
Fahr immer, immer zu!“

## Wonne der Wehmut

Trocknet nicht, trocknet nicht,
Tränen der ewigen Liebe!
Ach, nur dem halbgetrockneten Auge
Wie öde, wie tot die Welt ihm erscheint!
Trocknet nicht, trocknet nicht,
Tränen unglücklicher Liebe!

## Ein Gleiches

Über allen Gipfeln
Ist Ruh,
In allen Wipfeln
Spürest du

Kaum einen Hauch;
Die Vögelein schweigen im Walde.
Warte nur, balde
Ruhest du auch.

## An den Mond

### Erste Fassung

Füllest wieder's liebe Tal
Still mit Nebelglanz,
Lösest endlich auch einmal
Meine Seele ganz;

Breitest über mein Gefild
Lindernd deinen Blick,
Wie der Liebsten Auge mild
Über mein Geschick.

Das du so beweglich kennst,
Dieses Herz im Brand,
Haltet ihr wie ein Gespenst
An den Fluß gebannt,

Wenn in öder Winternacht
Er vom Tode schwillt
Und bei Frühlingslebens Pracht
An den Knospen quillt.

Selig, wer sich vor der Welt
Ohne Haß verschließt,
Einen Mann am Busen hält
Und mit dem genießt,

Was, den Menschen unbewußt
Oder wohl veracht,
Durch das Labyrinth der Brust
Wandelt in der Nacht.

### Letzte Fassung

Füllest wieder Busch und Tal
Still mit Nebelglanz,
Lösest endlich auch einmal
Meine Seele ganz;

Breitest über mein Gefild
Lindernd deinen Blick,
Wie des Freundes Auge mild
Über mein Geschick.

Jeden Nachklang fühlt mein Herz
Froh- und trüber Zeit,
Wandle zwischen Freud und Schmerz
In der Einsamkeit.

Fließe, fließe, lieber Fluß!
Nimmer werd ich froh,
So verrauschte Scherz und Kuß,
Und die Treue so.

Ich besaß es doch einmal,
Was so köstlich ist!
Daß man doch zu seiner Qual
Nimmer es vergißt!

Rausche, Fluß, das Tal entlang,
Ohne Rast und Ruh,
Rausche, flüstre meinem Sang
Melodien zu,

Wenn du in der Winternacht
Wütend überschwillst,
Oder um die Frühlingspracht
Junger Knospen quillst.

Selig, wer sich vor der Welt
Ohne Haß verschließt,
Einen Freund am Busen hält
Und mit dem genießt,

Was, von Menschen nicht gewußt
Oder nicht bedacht,
Durch das Labyrinth der Brust
Wandelt in der Nacht.

## Hoffnung

Schaff, das Tagwerk meiner Hände,
Hohes Glück, daß ichs vollende!
Lass, o lass mich nicht ermatten!
Nein, es sind nicht leere Träume:
Jetzt nur Stangen, diese Bäume
Geben einst noch Frucht und Schatten.

## Eigentum

Ich weiß, daß mir nichts angehört
Als der Gedanke, der ungestört
Aus meiner Seele will fließen,
Und jeder günstige Augenblick,
Den mich ein liebendes Geschick
Von Grund aus läßt genießen.

# Gesellige Lieder

*Was wir in Gesellschaft singen,*
*Wird von Herz zu Herzen dringen.*

## Zum neuen Jahr

Zwischen dem Alten,
Zwischen dem Neuen,
Hier uns zu freuen
Schenkt uns das Glück,
Und das Vergangne
Heißt mit Vertrauen
Vorwärts zu schauen,
Schauen zurück.

Stunden der Plage,
Leider, sie scheiden
Treue von Leiden,
Liebe von Lust;
Bessere Tage
Sammlen uns wieder,
Heitere Lieder
Stärken die Brust.

Leiden und Freuden,
Jener verschwundnen,
Sind die Verbundnen
Fröhlich gedenk.
O des Geschickes
Seltsamer Windung!
Alte Verbindung,
Neues Geschenk!

Dankt es dem regen,
Wogenden Glücke,

Dankt dem Geschicke
Männiglich Gut;
Freut euch des Wechsels
Heiterer Triebe,
Offener Liebe,
Heimlicher Glut!

Andere schauen
Deckende Falten
Über dem Alten
Traurig und scheu;
Aber uns leuchtet
Freundliche Treue;
Sehet, das Neue
Findet uns neu.

So wie im Tanze
Bald sich verschwindet,
Wieder sich findet
Liebendes Paar,
So durch des Lebens
Wirrende Beugung
Führe die Neigung
Uns in das Jahr.

## Frühlingsorakel

Du prophetscher Vogel du,
Blütensänger, o Coucou!
Bitten eines jungen Paares
In der schönsten Zeit des Jahres
Höre, liebster Vogel du;
Kann es hoffen, ruf ihm zu:
Dein Coucou, dein Coucou,
Immer mehr Coucou, Coucou.

Hörst du! ein verliebtes Paar
Sehnt sich herzlich zum Altar;
Und es ist bei seiner Jugend
Voller Treue, voller Tugend.
Ist die Stunde denn noch nicht voll?
Sag, wie lange es warten soll!
Horch! Coucou! Horch! Coucou!
Immer stille! Nichts hinzu!

Ist es doch nicht unsre Schuld!
Nur zwei Jahre noch Geduld!
Aber, wenn wir uns genommen,
Werden Pa-pa-papas kommen?
Wisse, daß du uns erfreust,
Wenn du viele prophezeist.
Eins! Coucou! Zwei! Coucou!
Immer weiter Coucou, Coucou, Cou.

Haben wir wohl recht gezählt,
Wenig am Halbdutzend fehlt.
Wenn wir gute Worte geben,
Sagst du wohl, wie lang wir leben?
Freilich, wir gestehen dirs,
Gern zum längsten trieben wirs.
Cou Coucou, Cou Coucou,
Cou, Cou, Cou, Cou, Cou, Cou, Cou, Cou, Cou.

Leben ist ein großes Fest,
Wenn sichs nicht berechnen läßt.
Sind wir nun zusammen blieben,
Bleibt denn auch das treue Lieben?
Könnte das zu Ende gehn,
Wär doch alles nicht mehr schön.
Cou Coucou, Cou Coucou :|:
Cou, Cou, Cou, Cou, Cou, Cou, Cou, Cou, Cou.

Mit Grazie in infinitum

## Bundeslied

In allen guten Stunden,
Erhöht von Lieb und Wein,
Soll dieses Lied verbunden
Von uns gesungen sein!
Uns hält der Gott zusammen,
Der uns hierher gebracht.
Erneuert unsre Flammen,
Er hat sie angefacht.

So glühet fröhlich heute,
Seid recht von Herzen eins!
Auf, trinkt erneuter Freude
Dies Glas des echten Weins!
Auf, in der holden Stunde
Stoßt an und küsset treu,
Bei jedem neuen Bunde,
Die alten wieder neu!

Wer lebt in unserm Kreise,
Und lebt nicht selig drin?
Genießt die freie Weise
Und treuen Brudersinn!
So bleibt durch alle Zeiten
Herz Herzen zugekehrt;
Von keinen Kleinigkeiten
Wird unser Bund gestört.

Uns hat ein Gott gesegnet
Mit freiem Lebensblick,
Und alles, was begegnet,
Erneuert unser Glück.
Durch Grillen nicht gedränget,
Verknickt sich keine Lust;
Durch Zieren nicht geenget,
Schlägt freier unsre Brust.

Mit jedem Schritt wird weiter
Die rasche Lebensbahn,
Und heiter, immer heiter
Steigt unser Blick hinan.
Uns wird es nimmer bange,
Wenn alles steigt und fällt,
Und bleiben lange, lange!
Auf ewig so gesellt.

## Tischlied

Mich ergreift, ich weiß nicht wie,
Himmlisches Behagen.
Will michs etwa gar hinauf
Zu den Sternen tragen?
Doch ich bleibe lieber hier,
Kann ich redlich sagen,
Beim Gesang und Glase Wein
Auf den Tisch zu schlagen.

Wundert euch, ihr Freunde, nicht,
Wie ich mich gebärde;
Wirklich ist es allerliebst
Auf der lieben Erde:
Darum schwör ich feierlich
Und ohn alle Fährde,
Daß ich mich nicht freventlich
Wegbegeben werde.

Da wir aber allzumal
So beisammen weilen,
Dächt ich, klänge der Pokal
Zu des Dichters Zeilen.
Gute Freunde ziehen fort,

Wohl ein hundert Meilen,
Darum soll man hier am Ort
Anzustoßen eilen.

Lebe hoch, wer Leben schafft!
Das ist meine Lehre.
Unser König denn voran,
Ihm gebührt die Ehre.
Gegen inn- und äußern Feind
Setzt er sich zur Wehre;
Ans Erhalten denkt er zwar,
Mehr noch, wie er mehre.

Nun begrüß ich sie sogleich,
Sie, die einzig Eine.
Jeder denke ritterlich
Sich dabei die Seine.
Merket auch ein schönes Kind,
Wen ich eben meine,
Nun, so nicke sie mir zu:
Leb auch so der Meine!

Freunden gilt das dritte Glas,
Zweien oder dreien,
Die mit uns am guten Tag
Sich im stillen freuen
Und der Nebel trübe Nacht
Leis und leicht zerstreuen;
Diesen sei ein Hoch gebracht,
Alten oder neuen.

Breiter wallet nun der Strom,
Mit vermehrten Wellen.
Leben jetzt im hohen Ton
Redliche Gesellen!
Die sich mit gedrängter Kraft
Brav zusammen stellen

In des Glückes Sonnenschein
Und in schlimmen Fällen.

Wie wir nun zusammen sind,
Sind zusammen viele.
Wohl gelingen denn, wie uns,
Andern ihre Spiele!
Von der Quelle bis ans Meer
Mahlet manche Mühle,
Und das Wohl der ganzen Welt
Ists, worauf ich ziele.

## Generalbeichte

Lasset heut im edeln Kreis
Meine Warnung gelten!
Nehmt die ernste Stimmung wahr,
Denn sie kommt so selten.
Manches habt ihr vorgenommen,
Manches ist euch schlecht bekommen,
Und ich muß euch schelten.

Reue soll man doch einmal
In der Welt empfinden!
So bekennt, vertraut und fromm,
Eure größten Sünden!
Aus des Irrtums falschen Weiten
Sammelt euch und sucht beizeiten
Euch zurecht zu finden.

Ja, wir haben, seis bekannt,
Wachend oft geträumet,
Nicht geleert das frische Glas,
Wenn der Wein geschäumet;
Manche rasche Schäferstunde,

Flüchtgen Kuß vom lieben Munde
Haben wir versäumet.

Still und maulfaul saßen wir,
Wenn Philister schwätzten,
Über göttlichen Gesang
Ihr Geklatsche schätzten,
Wegen glücklicher Momente,
Deren man sich rühmen könnte,
Uns zur Rede setzten.

Willst du Absolution
Deinen Treuen geben,
Wollen wir nach deinem Wink
Unabläßlich streben,
Uns vom Halben zu entwöhnen
Und im Ganzen, Guten, Schönen
Resolut zu leben.

Den Philistern allzumal
Wohlgemut zu schnippen,
Jenen Perlenschaum des Weins
Nicht nur flach zu nippen,
Nicht zu liebeln leis mit Augen,
Sondern fest uns anzusaugen
An geliebte Lippen.

## Kophtisches Lied

Lasset Gelehrte sich zanken und streiten,
Streng und bedächtig die Lehrer auch sein!
Alle die Weisesten aller der Zeiten
Lächeln und winken und stimmen mit ein:
Töricht, auf Beßrung der Toren zu harren!
Kinder der Klugheit, o habet die Narren
Eben zum Narren auch, wie sichs gehört!

Merlin der Alte, im leuchtenden Grabe,
Wo ich als Jüngling gesprochen ihn habe,
Hat mich mit ähnlicher Antwort belehrt:
Töricht, auf Beßrung der Toren zu harren!
Kinder der Klugheit, o habet die Narren
Eben zum Narren auch, wie sichs gehört!

Und auf den Höhen der indischen Lüfte
Und in den Tiefen ägyptischer Grüfte
Hab ich das heilige Wort nur gehört:
Töricht, auf Beßrung der Toren zu harren!
Kinder der Klugheit, o habet die Narren
Eben zum Narren auch, wie sichs gehört!

## Vanitas! Vanitatum Vanitas!

Ich hab mein Sach auf Nichts gestellt.
Juchhe!
Drum ists so wohl mir in der Welt.
Juchhe!
Und wer will mein Kamerade sein,
Der stoße mit an, der stimme mit ein
Bei dieser Neige Wein.

Ich stellt mein Sach auf Geld und Gut.
Juchhe!
Darüber verlor ich Freud und Mut.
O weh!
Die Münze rollte hier und dort,
Und hascht ich sie an einem Ort,
Am andern war sie fort.

Auf Weiber stellt ich nun mein Sach.
Juchhe!

Daher mir kam viel Ungemach.
O weh!
Die Falsche sucht' sich ein ander Teil,
Die Treue macht' mir Langeweil,
Die Beste war nicht feil.

Ich stellt mein Sach auf Reis' und Fahrt.
Juchhe!
Und ließ meine Vaterlandesart.
O weh!
Und mir behagt' es nirgends recht,
Die Kost war fremd, das Bett war schlecht,
Niemand verstand mich recht.

Ich stellt mein Sach auf Ruhm und Ehr.
Juchhe!
Und sieh! gleich hatt ein andrer mehr.
O weh!
Wie ich mich hatt hervorgetan,
Da sahen die Leute scheel mich an,
Hatte keinem recht getan.

Jetzt setzt mein Sach auf Kampf und Krieg.
Juchhe!
Und uns gelang so mancher Sieg.
Juchhe!
Wir zogen in Feindes Land hinein,
Dem Freunde sollts nicht viel besser sein,
Und ich verlor ein Bein.

Nun hab ich mein Sach auf Nichts gestellt.
Juchhe!
Und mein gehört die ganze Welt.
Juchhe!
Zu Ende geht nun Sang und Schmaus.
Nur trinkt mir alle Neigen aus;
Die letzte muß heraus!

# Offne Tafel

Viele Gäste wünsch ich heut
Mir zu meinem Tische!
Speisen sind genug bereit,
Vögel, Wild und Fische.
Eingeladen sind sie ja,
Habens angenommen.
Hänschen, geh und sieh dich um!
Sieh mir, ob sie kommen!

Schöne Kinder hoff ich nun,
Die von gar nichts wissen,
Nicht, daß es was Hübsches sei,
Einen Freund zu küssen.
Eingeladen sind sie all,
Habens angenommen.
Hänschen, geh und sieh dich um!
Sieh mir, ob sie kommen!

Frauen denk ich auch zu sehn,
Die den Ehegatten,
Ward er immer brummiger,
Immer lieber hatten.
Eingeladen wurden sie,
Habens angenommen.
Hänschen, geh und sieh dich um!
Sieh mir, ob sie kommen!

Junge Herrn berief ich auch,
Nicht im mindsten eitel,
Die sogar bescheiden sind
Mit gefülltem Beutel;
Diese bat ich sonderlich,
Habens angenommen.
Hänschen, geh und sieh dich um!
Sieh mir, ob sie kommen!

Männer lud ich mit Respekt,
Die auf ihre Frauen
Ganz allein, nicht neben aus
Auf die schönste schauen.
Sie erwiderten den Gruß,
Habens angenommen.
Hänschen, geh und sieh dich um!
Sieh mir, ob sie kommen!

Dichter lud ich auch herbei,
Unsre Lust zu mehren,
Die weit lieber ein fremdes Lied
Als ihr eignes hören.
Alle diese stimmten ein,
Habens angenommen.
Hänschen, geh und sieh dich um!
Sieh mir, ob sie kommen!

Doch ich sehe niemand gehn,
Sehe niemand rennen!
Suppe kocht und siedet ein,
Braten will verbrennen.
Ach, wir habens, fürcht ich nun,
Zu genau genommen!
Hänschen, sag, was meinst du wohl?
Es wird niemand kommen.

Hänschen, lauf und säume nicht,
Ruf mir neue Gäste!
Jeder komme, wie er ist,
Das ist wohl das beste!
Schon ists in der Stadt bekannt,
Wohl ists aufgenommen.
Hänschen, mach die Türen auf:
Sieh nur, wie sie kommen!

## Ergo Bibamus!

Hier sind wir versammelt zu löblichem Tun,
Drum, Brüderchen! Ergo bibamus.
Die Gläser sie klingen, Gespräche sie ruhn,
Beherziget Ergo bibamus.
Das heißt noch ein altes, ein tüchtiges Wort,
Es passet zum ersten und passet so fort,
Und schallet ein Echo vom festlichen Ort,
Ein herrliches Ergo bibamus!

Ich hatte mein freundliches Liebchen gesehn,
Da dacht ich mir: Ergo bibamus.
Und nahte mich traulich, da ließ sie mich stehn;
Ich half mir und dachte: Bibamus.
Und wenn sie versöhnet euch herzet und küßt,
Und wenn ihr das Herzen und Küssen vermißt,
So bleibet nur, bis ihr was Besseres wißt,
Beim tröstlichen Ergo bibamus.

Mich ruft das Geschick von den Freunden hinweg;
Ihr Redlichen! Ergo bibamus.
Ich scheide von hinnen mit leichtem Gepäck,
Drum doppeltes Ergo bibamus.
Und was auch der Filz von dem Leibe sich schmorgt,
So bleibt für den Heitern doch immer gesorgt,
Weil immer dem Frohen der Fröhliche borgt;
Drum, Brüderchen! Ergo bibamus.

Was sollen wir sagen zum heutigen Tag?
Ich dächte nur: Ergo bibamus.
Er ist nun einmal von besonderem Schlag,
Drum immer aufs neue: Bibamus.
Er führet die Freude durchs offene Tor,
Es glänzen die Wolken, es teilt sich der Flor,
Da leuchtet ein Bildchen, ein göttliches, vor;
Wir klingen und singen: Bibamus.

# Epiphaniasfest

Die heilgen drei König' mit ihrem Stern,
Sie essen, sie trinken, und bezahlen nicht gern;
Sie essen gern, sie trinken gern,
Sie essen, trinken, und bezahlen nicht gern.

Die heilgen drei König' sind kommen allhier,
Es sind ihrer drei und sind nicht ihrer vier;
Und wenn zu dreien der vierte wär,
So wär ein heilger drei König mehr.

Ich erster bin der weiß' und auch der schön',
Bei Tage solltet ihr erst mich sehn!
Doch ach, mit allen Spezerein
Werd ich sein Tag kein Mädchen mir erfrein.

Ich aber bin der braun' und bin der lang',
Bekannt bei Weibern wohl und bei Gesang.
Ich bringe Gold statt Spezerein,
Da werd ich überall willkommen sein.

Ich endlich bin der schwarz' und bin der klein'
Und mag auch wohl einmal recht lustig sein.
Ich esse gern, ich trinke gern,
Ich esse, trinke und bedanke mich gern.

Die heilgen drei König' sind wohlgesinnt,
Sie suchen die Mutter und das Kind;
Der Joseph fromm sitzt auch dabei,
Der Ochs und Esel liegen auf der Streu.

Wir bringen Myrrhen, wir bringen Gold,
Dem Weihrauch sind die Damen hold;
Und haben wir Wein von gutem Gewächs,
So trinken wir drei so gut als ihrer sechs.

Da wir nun hier schöne Herrn und Fraun,
Aber keine Ochsen und Esel schaun,
So sind wir nicht am rechten Ort
Und ziehen unseres Weges weiter fort.

## Sizilianisches Lied

Ihr schwarzen Äugelein!
Wenn ihr nur winket,
Es fallen Häuser ein,
Es fallen Städte;
Und diese Leimenwand
Vor meinem Herzen –
Bedenk doch nur einmal –
Die sollt nicht fallen!

## Finnisches Lied

Käm der liebe Wohlbekannte,
Völlig so wie er geschieden,
Kuß erklang an seinen Lippen,
Hätt auch Wolfsblut sie gerötet;
Ihm den Handschlag gäb ich, wären
Seine Fingerspitzen Schlangen.

Wind! o hättest du Verständnis,
Wort' um Worte trügst du wechselnd,
Sollt auch einiges verhallen,
Zwischen zwei entfernten Liebchen.

Gern entbehrt ich gute Bissen,
Priesters Tafelfleisch vergäß ich,
Eher als dem Freund entsagen,

Den ich sommers rasch bezwungen,
Winters langer Weis bezähmte.

# Balladen

*Märchen, noch so wunderbar,*
*Dichterkünste machens wahr.*

## Mignon

Kennst du das Land, wo die Zitronen blühn,
Im dunkeln Laub die Gold-Orangen glühn,
Ein sanfter Wind vom blauen Himmel weht,
Die Myrte still und hoch der Lorbeer steht,
Kennst du es wohl?
Dahin! Dahin
Möcht ich mit dir, o mein Geliebter, ziehn.

Kennst du das Haus? Auf Säulen ruht sein Dach,
Es glänzt der Saal, es schimmert das Gemach,
Und Marmorbilder stehn und sehn mich an:
Was hat man dir, du armes Kind, getan?
Kennst du es wohl?
Dahin! Dahin
Möcht ich mit dir, o mein Beschützer, ziehn.

Kennst du den Berg und seinen Wolkensteg?
Das Maultier sucht im Nebel seinen Weg,
In Höhlen wohnt der Drachen alte Brut,
Es stürzt der Fels und über ihn die Flut;
Kennst du ihn wohl?

Dahin! Dahin
Geht unser Weg! o Vater, laß uns ziehn!

## Das Veilchen

Ein Veilchen auf der Wiese stand
Gebückt in sich und unbekannt;
Es war ein herzigs Veilchen.
Da kam eine junge Schäferin
Mit leichtem Schritt und munterm Sinn
Daher, daher,
Die Wiese her, und sang.

Ach! denkt das Veilchen, wär ich nur
Die schönste Blume der Natur,
Ach, nur ein kleines Weilchen,
Bis mich das Liebchen abgepflückt
Und an dem Busen matt gedrückt!
Ach nur, ach nur
Ein Viertelstündchen lang!

Ach! aber ach! das Mädchen kam
Und nicht in acht das Veilchen nahm,
Ertrat das arme Veilchen.
Es sank und starb und freut' sich noch:
Und sterb ich denn, so sterb ich doch
Durch sie, durch sie,
Zu ihren Füßen doch.

## Erlkönig

Wer reitet so spät durch Nacht und Wind?
Es ist der Vater mit seinem Kind;

Er hat den Knaben wohl in dem Arm,
Er faßt ihn sicher, er hält ihn warm.

Mein Sohn, was birgst du so bang dein Gesicht? –
Siehst, Vater, du den Erlkönig nicht?
Den Erlenkönig mit Kron und Schweif? –
Mein Sohn, es ist ein Nebelstreif. –

„Du liebes Kind, komm, geh mit mir!
Gar schöne Spiele spiel ich mit dir;
Manch bunte Blumen sind an dem Strand,
Meine Mutter hat manch gülden Gewand."

Mein Vater, mein Vater, und hörest du nicht,
Was Erlenkönig mir leise verspricht? –
Sei ruhig, bleibe ruhig, mein Kind;
In dürren Blättern säuselt der Wind. –

„Willst, feiner Knabe, du mit mir gehn?
Meine Töchter sollen dich warten schön;
Meine Töchter führen den nächtlichen Reihn,
Und wiegen und tanzen und singen dich ein."

Mein Vater, mein Vater, und siehst du nicht dort
Erlkönigs Töchter am düstern Ort? –
Mein Sohn, mein Sohn, ich seh es genau:
Es scheinen die alten Weiden so grau. –

„Ich liebe dich, mich reizt deine schöne Gestalt;
Und bist du nicht willig, so brauch ich Gewalt."
Mein Vater, mein Vater, jetzt faßt er mich an!
Erlkönig hat mir ein Leids getan! –

Dem Vater grausets, er reitet geschwind,
Er hält in Armen das ächzende Kind,
Erreicht den Hof mit Mühe und Not;
In seinen Armen das Kind war tot.

# Der König in Thule

## Frühere Fassung: Der König von Thule

Es war ein König in Thule,
Ein' goldnen Becher er hätt
Empfangen von seiner Buhle
Auf ihrem Todesbett.

Den Becher hätt er lieber,
Trank draus bei jedem Schmaus.
Die Augen gingen ihm über,
So oft er trank daraus.

Und als er kam zu sterben,
Zählt' er seine Städt' und Reich',
Gönnt' alles seinen Erben,
Den Becher nicht zugleich.

Am hohen Königsmahle,
Die Ritter um ihn her,
Im alten Vätersaale
Auf seinem Schloß am Meer

Da saß der alte Zecher,
Trank letzte Lebensglut
Und warf den heiligen Becher
Hinunter in die Flut.

Er sah ihn sinken und trinken
Und stürzen tief ins Meer.
Die Augen täten ihm sinken,
Trank keinen Tropfen mehr.

## Spätere Fassung

Es war ein König in Thule
Gar treu bis an das Grab,

Dem sterbend seine Buhle
Einen goldnen Becher gab.

Es ging ihm nichts darüber,
Er leert' ihn jeden Schmaus;
Die Augen gingen ihm über,
Sooft er trank daraus.

Und als er kam zu sterben,
Zählt' er seine Städt' im Reich,
Gönnt' alles seinen Erben,
Den Becher nicht zugleich.

Er saß beim Königsmahle,
Die Ritter um ihn her,
Auf hohem Vätersaale,
Dort auf dem Schloß am Meer.

Dort stand der alte Zecher,
Trank letzte Lebensglut,
Und warf den heilgen Becher
Hinunter in die Flut.

Er sah ihn stürzen, trinken
Und sinken tief ins Meer.
Die Augen täten ihm sinken;
Trank nie einen Tropfen mehr.

## Ritter Kurts Brautfahrt

Mit des Bräutigams Behagen
Schwingt sich Ritter Kurt aufs Roß;
Zu der Trauung solls ihn tragen
Auf der edlen Liebsten Schloß:
Als am öden Felsenorte
Drohend sich ein Gegner naht,

Ohne Zögern, ohne Worte
Schreiten sie zu rascher Tat.

Lange schwankt des Kampfes Welle,
Bis sich Kurt im Siege freut;
Er entfernt sich von der Stelle,
Überwinder und gebleut.
Aber was er bald gewahret
In des Busches Zitterschein!
Mit dem Säugling still gepaaret,
Schleicht ein Liebchen durch den Hain.

Und sie winkt ihm auf das Plätzchen:
Lieber Herr, nicht so geschwind!
Habt Ihr nichts an Euer Schätzchen,
Habt Ihr nichts für Euer Kind?
Ihn durchglühet süße Flamme,
Daß er nicht vorbei begehrt,
Und er findet nun die Amme,
Wie die Jungfrau, liebenswert.

Doch er hört die Diener blasen,
Denket nun der hohen Braut,
Und nun wird auf seinen Straßen
Jahresfest und Markt so laut,
Und er wählet in den Buden
Manches Pfand zu Lieb und Huld;
Aber ach! da kommen Juden
Mit dem Schein vertagter Schuld.

Und nun halten die Gerichte
Den behenden Ritter auf.
O verteufelte Geschichte!
Heldenhafter Lebenslauf!
Soll ich heute mich gedulden?
Die Verlegenheit ist groß.

Widersacher, Weiber, Schulden,
Ach! kein Ritter wird sie los.

## Der Schatzgräber

Arm am Beutel, krank am Herzen,
Schleppt ich meine langen Tage.
Armut ist die größte Plage,
Reichtum ist das höchste Gut!
Und, zu enden meine Schmerzen,
Ging ich, einen Schatz zu graben.
Meine Seele sollst du haben!
Schrieb ich hin mit eignem Blut.

Und so zog ich Kreis' um Kreise,
Stellte wunderbare Flammen,
Kraut und Knochenwerk zusammen:
Die Beschwörung war vollbracht.
Und auf die gelernte Weise
Grub ich nach dem alten Schatze
Auf dem angezeigten Platze;
Schwarz und stürmisch war die Nacht.

Und ich sah ein Licht von weiten,
Und es kam gleich einem Sterne
Hinten aus der fernsten Ferne,
Eben als es Zwölfe schlug.
Und da galt kein Vorbereiten:
Heller wards mit einem Male
Von dem Glanz der vollen Schale,
Die ein schöner Knabe trug.

Holde Augen sah ich blinken
Unter dichtem Blumenkranze;
In des Trankes Himmelsglanze
Trat er in den Kreis herein.

Und er hieß mich freundlich trinken;
Und ich dacht: es kann der Knabe
Mit der schönen lichten Gabe
Wahrlich nicht der Böse sein.

Trinke Mut des reinen Lebens!
Dann verstehst du die Belehrung,
Kommst, mit ängstlicher Beschwörung,
Nicht zurück an diesen Ort.
Grabe hier nicht mehr vergebens:
Tages Arbeit! Abends Gäste!
Saure Wochen! Frohe Feste!
Sei dein künftig Zauberwort.

## Die Spinnerin

Als ich still und ruhig spann,
Ohne nur zu stocken,
Trat ein schöner junger Mann
Nahe mir zum Rocken.

Lobte, was zu loben war,
Sollte das was schaden?
Mein dem Flachse gleiches Haar,
Und den gleichen Faden.

Ruhig war er nicht dabei,
Ließ es nicht beim alten;
Und der Faden riß entzwei,
Den ich lang erhalten.

Und des Flachses Stein-Gewicht
Gab noch viele Zahlen;
Aber, ach, ich konnte nicht
Mehr mit ihnen prahlen.

Als ich sie zum Weber trug,
Fühlt ich was sich regen,
Und mein armes Herze schlug
Mit geschwindern Schlägen.

Nun, beim heißen Sonnenstich,
Bring ichs auf die Bleiche,
Und mit Mühe bück ich mich
Nach dem nächsten Teiche.

Was ich in dem Kämmerlein
Still und fein gesponnen,
Kommt – wie kann es anders sein? –
Endlich an die Sonnen.

## Der Edelknabe und die Müllerin

*Edelknabe*

Wohin? Wohin?
Schöne Müllerin!
Wie heißt du?

*Müllerin*

Liese.

*Edelknabe*

Wohin denn? Wohin,
Mit dem Rechen in der Hand?

*Müllerin*

Auf des Vaters Land,
Auf des Vaters Wiese.

*Edelknabe*

Und gehst so allein?

*Müllerin*

Das Heu soll herein,
Das bedeutet der Rechen.
Und im Garten daran
Fangen die Birnen zu reifen an,
Die will ich brechen.

*Edelknabe*

Ist nicht eine stille Laube dabei

*Müllerin*

Sogar ihrer zwei,
An beiden Ecken.

*Edelknabe*

Ich komme dir nach,
Und am heißen Mittag
Wollen wir uns drein verstecken.
Nicht wahr, im grünen vertraulichen Haus –

*Müllerin*

Das gäbe Geschichten.

*Edelknabe*

Ruhst du in meinen Armen aus?

*Müllerin*

Mitnichten!
Denn wer die artige Müllerin küßt,
Auf der Stelle verraten ist.
Euer schönes dunkles Kleid
Tät mir leid
So weiß zu färben.
Gleich und gleich! so allein ists recht!
Darauf will ich leben und sterben.
Ich liebe mir den Müllerknecht;
An dem ist nichts zu verderben.

## Der Müllerin Verrat

Woher der Freund so früh und schnelle,
Da kaum der Tag im Osten graut?
Hat er sich in der Waldkapelle,
So kalt und frisch es ist, erbaut?
Es starret ihm der Bach entgegen;
Mag er mit Willen barfuß gehn?
Was flucht er seinen Morgensegen
Durch die beschneiten wilden Höhn?

Ach, wohl! Er kommt vom warmen Bette,
Wo er sich andern Spaß versprach;
Und wenn er nicht den Mantel hätte,
Wie schrecklich wäre seine Schmach!
Es hat ihn jener Schalk betrogen
Und ihm den Bündel abgepackt;
Der arme Freund ist ausgezogen
Und fast, wie Adam, bloß und nackt.

Warum auch schlich er diese Wege
Nach einem solchen Äpfelpaar,
Das freilich schön im Mühlgehege,
So wie im Paradiese, war.

Er wird den Scherz nicht leicht erneuen;
Er drückte schnell sich aus dem Haus
Und bricht auf einmal nun, im Freien,
In bittre laute Klagen aus:

„Ich las in ihren Feuerblicken
Nicht eine Silbe von Verrat;
Sie schien mit mir sich zu entzücken
Und sann auf solche schwarze Tat!
Könnt ich in ihren Armen träumen,
Wie meuchlerisch der Busen schlug?
Sie hieß den holden Amor säumen,
Und günstig war er uns genug.

„Sich meiner Liebe zu erfreuen!
Der Nacht, die nie ein Ende nahm!
Und erst die Mutter anzuschreien,
Nun eben als der Morgen kam!
Da drang ein Dutzend Anverwandten
Herein, ein wahrer Menschenstrom;
Da kamen Vettern, guckten Tanten,
Es kam ein Bruder und ein Ohm.

„Das war ein Toben, war ein Wüten!
Ein jeder schien ein andres Tier.
Sie forderten des Mädchens Blüten
Mit schrecklichem Geschrei von mir. –
Was dringt ihr alle wie von Sinnen
Auf den unschuldgen Jüngling ein?
Denn solche Schätze zu gewinnen,
Da muß man viel behender sein.

„Weiß Amor seinem schönen Spiele
Doch immer zeitig nachzugehn.
Er läßt fürwahr nicht in der Mühle
Die Blumen sechzehn Jahre stehn. –
Sie raubten nun das Kleiderbündel,

Und wollten auch den Mantel noch.
Wie nur so viel verflucht Gesindel
Im engen Hause sich verkroch!

„Nun sprang ich auf und tobt und fluchte,
Gewiß, durch alle durchzugehn.
Ich sah noch einmal die Verruchte,
Und ach! sie war noch immer schön.
Sie alle wichen meinem Grimme;
Es flog noch manches wilde Wort;
Da macht ich mich, mit Donnerstimme,
Noch endlich aus der Höhle fort.

„Man soll euch Mädchen auf dem Lande,
Wie Mädchen aus den Städten, fliehn.
So lasset doch den Fraun von Stande
Die Lust, die Diener auszuziehn!
Doch seid ihr auch von den Geübten
Und kennt ihr keine zarte Pflicht,
So ändert immer die Geliebten,
Doch sie verraten müßt ihr nicht."

So singt er in der Winterstunde,
Wo nicht ein armes Hälmchen grünt.
Ich lache seiner tiefen Wunde;
Denn wirklich ist sie wohlverdient.
So geh es jedem, der am Tage
Sein edles Liebchen frech betriegt
Und nachts, mit allzu kühner Wage,
Zu Amors falscher Mühle kriecht.

## Wandrer und Pächterin

*Er*

Kannst du, schöne Pächtrin ohnegleichen,
Unter dieser breiten Schattenlinde,
Wo ich Wandrer kurze Ruhe finde,
Labung mir für Durst und Hunger reichen?

*Sie*

Willst du, Vielgereister, hier dich laben,
Sauren Rahm und Brot und reife Früchte,
Nur die ganz natürlichsten Gerichte,
Kannst du reichlich an der Quelle haben.

*Er*

Ist mir doch, ich müßte schon dich kennen
Unvergeßne Zierde holder Stunden!
Ähnlichkeiten hab ich oft gefunden;
Diese muß ich doch ein Wunder nennen.

*Sie*

Ohne Wunder findet sich bei Wandrern
Oft ein sehr erklärliches Erstaunen.
Ja, die Blonde gleichet oft der Braunen;
Eine reizet eben wie die andern.

*Er*

Heute nicht, fürwahr, zum ersten Male
Hat mirs diese Bildung abgewonnen!
Damals war sie Sonne aller Sonnen
In dem festlich aufgeschmückten Saale.

*Sie*

Freut es dich, so kann es wohl geschehen.
Daß man deinen Märchenscherz vollende:
Purpurseide floß von ihrer Lende,
Da du sie zum erstenmal gesehen.

*Er*

Nein, fürwahr, das hast du nicht gedichtet
Konnten Geister dir es offenbaren;
Von Juwelen hast du auch erfahren
Und von Perlen, die ihr Blick vernichtet.

*Sie*

Dieses eine ward mir wohl vertrauet:
Daß die Schöne, schamhaft, zu gestehen,
Und in Hoffnung, wieder dich zu sehen,
Manche Schlösser in die Luft erbauet.

*Er*

Trieben mich umher doch alle Winde!
Sucht ich Ehr und Geld auf jede Weise!
Doch gesegnet, wenn am Schluß der Reise
Ich das edle Bildnis wieder finde.

*Sie*

Nicht ein Bildnis, wirklich siehst du jene
Hohe Tochter des verdrängten Blutes;
Nun im Pachte des verlaßnen Gutes
Mit dem Bruder freuet sich Helene.

*Er*

Aber diese herrlichen Gefilde,
Kann sie der Besitzer selbst vermeiden?

Reiche Felder, breite Wies- und Weiden,
Mächtge Quellen, süße Himmelsmilde.

*Sie*

Ist er doch in alle Welt entlaufen!
Wir Geschwister haben viel erworben;
Wenn der Gute, wie man sagt, gestorben,
Wollen wir das Hinterlaßne kaufen.

*Er*

Wohl zu kaufen ist es, meine Schöne!
Vom Besitzer hört ich die Bedinge;
Doch der Preis ist keineswegs geringe,
Denn das letzte Wort, es ist: Helene!

*Sie*

Könnt uns Glück und Höhe nicht vereinen!
Hat die Liebe diesen Weg genommen?
Doch ich seh den wackren Bruder kommen;
Wenn ers hören wird, was kann er meinen?

## Die wandelnde Glocke

Es war ein Kind, das wollte nie
Zur Kirche sich bequemen,
Und sonntags fand es stets ein Wie,
Den Weg ins Feld zu nehmen.

Die Mutter sprach: Die Glocke tönt,
Und so ist dirs befohlen,
Und hast du dich nicht hingewöhnt,
Sie kommt und wird dich holen.

Das Kind, es denkt: Die Glocke hängt
Da droben auf dem Stuhle.
Schon hats den Weg ins Feld gelenkt,
Als lief es aus der Schule.

Die Glocke Glocke tönt nicht mehr,
Die Mutter hat gefackelt.
Doch welch ein Schrecken hinterher!
Die Glocke kommt gewackelt.

Sie wackelt schnell, man glaubt es kaum;
Das arme Kind im Schrecken,
Es lauft, es kommt als wie im Traum;
Die Glocke wird es decken.

Doch nimmt es richtig seinen Husch,
Und mit gewandter Schnelle
Eilt es durch Anger, Feld und Busch
Zur Kirche, zur Kapelle.

Und jeden Sonn- und Feiertag
Gedenkt es an den Schaden,
Läßt durch den ersten Glockenschlag,
Nicht in Person sich laden.

## Der Totentanz

Der Türmer, der schaut zumitten der Nacht
Hinab auf die Gräber in Lage;
Der Mond, der hat alles ins Helle gebracht,
Der Kirchhof, er liegt wie am Tage.
Da regt sich ein Grab und ein anderes dann:
Sie kommen hervor, ein Weib da, ein Mann,
In weißen und schleppenden Hemden.

Das reckt nun, es will sich ergetzen sogleich,
Die Knöchel zur Runde, zum Kranze,
So arm und so jung, und so alt und so reich;
Doch hindern die Schleppen am Tanze.
Und weil hier die Scham nun nicht weiter gebeut,
Sie schütteln sich alle, da liegen zerstreut
Die Hemdelein über den Hügeln.

Nun hebt sich der Schenkel, nun wackelt das Bein
Gebärden da gibt es vertrackte;
Dann klipperts und klapperts mitunter hinein,
Als schlug man die Hölzlein zum Takte.
Das kommt nun dem Türmer so lächerlich vor;
Da raunt ihm der Schalk, der Versucher, ins Ohr
Geh! hole dir einen der Laken.

Getan wie gedacht! und er flüchtet sich schnell
Nun hinter geheiligte Türen.
Der Mond, und noch immer er scheinet so hell
Zum Tanz, den sie schauderlich führen.
Doch endlich verlieret sich dieser und der,
Schleicht eins nach dem andern gekleidet einher,
Und husch ist es unter dem Rasen.

Nur einer, der trippelt und stolpert zuletzt
Und tappet und grapst an den Grüften;
Doch hat kein Geselle so schwer ihn verletzt,
Er wittert das Tuch in den Lüften.
Er rüttelt die Turmtür, sie schlägt ihn zurück,
Geziert und gesegnet, dem Türmer zum Glück,
Sie blinkt von metallenen Kreuzen.

Das Hemd muß er haben, da rastet er nicht,
Da gilt auch kein langes Besinnen;
Den gotischen Zierat ergreift nun der Wicht
Und klettert von Zinne zu Zinnen.
Nun ists um den armen, den Türmer getan!

Es ruckt sich von Schnörkel zu Schnörkel hinan,
Langbeinigen Spinnen vergleichbar.

Der Türmer erbleichet, der Türmer erbebt,
Gern gäb er ihn wieder, den Laken.
Da häkelt – jetzt hat er am längsten gelebt –
Den Zipfel ein eiserner Zacken.
Schon trübet der Mond sich, verschwindenden Scheins,
Die Glocke, sie donnert ein mächtiges Eins,
Und unten zerschellt das Gerippe.

## Der Zauberlehrling

Hat der alte Hexenmeister
Sich doch einmal wegbegeben!
Und nun sollen seine Geister
Auch nach meinem Willen leben.
Seine Wort' und Werke
Merkt ich und den Brauch,
Und mit Geistesstärke
Tu ich Wunder auch.

Walle! walle
Manche Strecke,
Daß, zum Zwecke,
Wasser fließe
Und mit reichem, vollem Schwalle
Zu dem Bade sich ergieße.

Und nun komm, du alter Besen!
Nimm die schlechten Lumpenhüllen;
Bist schon lange Knecht gewesen;
Nun erfülle meinen Willen!
Auf zwei Beinen stehe,
Oben sei ein Kopf,

Eile nun und gehe
Mit dem Wassertopf!

Walle! walle
Manche Strecke,
Daß, zum Zwecke,
Wasser fließe
Und mit reichem, vollem Schwalle
Zu dem Bade sich ergieße.

Seht, er läuft zum Ufer nieder,
Wahrlich! ist schon an dem Flusse,
Und mit Blitzesschnelle wieder
Ist er hier mit raschem Gusse.
Schon zum zweiten Male!
Wie das Becken schwillt!
Wie sich jede Schale
Voll mit Wasser füllt!

Stehe! Stehe!
Denn wir haben
Deiner Gaben
Vollgemessen! –
Ach, ich merk es! Wehe! wehe!
Hab ich doch das Wort vergessen!

Ach, das Wort, worauf am Ende
Er das wird, was er gewesen.
Ach, er läuft und bringt behende!
Wärst du doch der alte Besen!
Immer neue Güsse
Bringt er schnell herein,
Ach! und hundert Flüsse
Stürzen auf mich ein.

Nein, nicht länger
Kann ichs lassen;

Will ihn fassen.
Das ist Tücke!
Ach! nun wird mir immer bänger!
Welche Miene! welche Blicke!

O, du Ausgeburt der Hölle!
Soll das ganze Haus ersaufen?
Seh ich über jede Schwelle
Doch schon Wasserströme laufen.
Ein verruchter Besen,
Der nicht hören will!
Stock, der du gewesen,
Steh doch wieder still!

Willsts am Ende
Gar nicht lassen?
Will dich fassen,
Will dich halten
Und das alte Holz behende
Mit dem scharfen Beile spalten.

Seht, da kommt er schleppend wieder!
Wie ich mich nur auf dich werfe,
Gleich, o Kobold, liegst du nieder;
Krachend trifft die glatte Schärfe.
Wahrlich! brav getroffen!
Seht, er ist entzwei!
Und nun kann ich hoffen,
Und ich atme frei!

Wehe! wehe!
Beide Teile
Stehn in Eile
Schon als Knechte
Völlig fertig in die Höhe!
Helft mir, ach! ihr hohen Mächte!

Und sie laufen! Naß und nässer
Wirds im Saal und auf den Stufen.
Welch entsetzliches Gewässer!
Herr und Meister! hör mich rufen! –
Ach, da kommt der Meister!
Herr, die Not ist groß!
Die ich rief, die Geister
Werd ich nun nicht los.

„In die Ecke,
Besen! Besen!
Seids gewesen.
Denn als Geister
Ruft euch nur, zu diesem Zwecke,
Erst hervor der alte Meister.“

## Der Gott und die Bajadere

### Indische Legende

Mahadöh, der Herr der Erde,
Kommt herab zum sechsten Mal,
Daß er unsersgleichen werde,
Mit zu fühlen Freud und Qual.
Er bequemt sich, hier zu wohnen,
Läßt sich alles selbst geschehn.
Soll er strafen oder schonen,
Muß er Menschen menschlich sehn.
Und hat er die Stadt sich als Wandrer betrachtet,
Die Großen belauert, auf Kleine geachtet,
Verläßt er sie abends, um weiter zu gehn.

Als er nun hinausgegangen,
Wo die letzten Häuser sind,
Sieht er, mit gemalten Wangen,
Ein verlornes schönes Kind.

Grüß dich, Jungfrau! – Dank der Ehre!
Wart, ich komme gleich hinaus –
Und wer bist du? – Bajadere,
Und dies ist der Liebe Haus.
Sie rührt sich, die Zimbeln zum Tanze zu schlagen,
Sie weiß sich so lieblich im Kreise zu tragen,
Sie neigt sich und biegt sich, und reicht ihm den Strauß.

Schmeichelnd zieht sie ihn zur Schwelle,
Lebhaft ihn ins Haus hinein.
Schöner Fremdling, lampenhelle
Soll sogleich die Hütte sein.
Bist du müd, ich will dich laben,
Lindern deiner Füße Schmerz.
Was du willst, das sollst du haben,
Ruhe, Freuden oder Scherz.
Sie lindert geschäftig geheuchelte Leiden.
Der Göttliche lächelt; er siehet mit Freuden
Durch tiefes Verderben ein menschliches Herz.

Und er fordert Sklavendienste;
Immer heitrer wird sie nur,
Und des Mädchens frühe Künste
Werden nach und nach Natur.
Und so stellet auf die Blüte
Bald und bald die Frucht sich ein;
Ist Gehorsam im Gemüte,
Wird nicht fern die Liebe sein.
Aber, sie schärfer und schärfer zu prüfen,
Wählet der Kenner der Höhen und Tiefen
Lust und Entsetzen und grimmige Pein.

Und er küßt die bunten Wangen,
Und sie fühlt: der Liebe Qual,
Und das Mädchen steht gefangen,
Und sie weint zum erstenmal;
Sinkt zu seinen Füßen nieder,

Nicht um Wollust noch Gewinst,
Ach! und die gelenken Glieder,
Sie versagen allen Dienst.
Und so zu des Lagers vergnüglicher Feier
Bereiten den dunklen behaglichen Schleier
Die nächtlichen Stunden, das schöne Gespinst.

Spät entschlummert unter Scherzen,
Früh erwacht nach kurzer Rast,
Findet sie an ihrem Herzen
Tot den vielgeliebten Gast.
Schreiend stürzt sie auf ihn nieder,
Aber nicht erweckt sie ihn;
Und man trägt die starren Glieder
Bald zur Flammengrube hin.
Sie höret die Priester, die Totengesänge,
Sie raset und rennet und teilet die Menge.
Wer bist du? was drängt zu der Grube dich hin?

Bei der Bahre stürzt sie nieder,
Ihr Geschrei durchdringt die Luft:
Meinen Gatten will ich wieder!
Und ich such ihn in der Gruft.
Soll zu Asche mir zerfallen
Dieser Glieder Götterpracht?
Mein! er war es, mein vor allen!
Ach, nur Eine süße Nacht!
Es singen die Priester: Wir tragen die Alten,
Nach langem Ermatten und spätem Erkalten,
Wir tragen die Jugend, noch eh sies gedacht.

Höre deiner Priester Lehre:
Dieser war dein Gatte nicht.
Lebst du doch als Bajadere,
Und so hast du keine Pflicht.
Nur dem Körper folgt der Schatten
In das stille Totenreich;

Nur die Gattin folgt dem Gatten:
Das ist Pflicht und Ruhm zugleich.
Ertöne, Drommete, zu heiliger Klage!
O nehmet, ihr Götter! die Zierde der Tage,
O nehmet den Jüngling in Flammen zu euch!

So das Chor, das ohn Erbarmen
Mehret ihres Herzens Not;
Und mit ausgestreckten Armen
Springt sie in den heißen Tod.
Doch der Götter-Jüngling hebet
Aus der Flamme sich empor,
Und in seinen Armen schwebet
Die Geliebte mit hervor.
Es freut sich die Gottheit der reuigen Sünder;
Unsterbliche heben verlorene Kinder
Mit feurigen Armen zum Himmel empor.

## Elegien

### I Römische Elegien

*Wie wir einst so glücklich waren!*
*Müssens jetzt durch euch erfahren.*

#### *I*

Saget, Steine, mir an, o sprecht, ihr hohen Paläste!
Straßen, redet ein Wort! Genius, regst du dich nicht?
Ja, es ist alles beseelt in deinen heiligen Mauern,
Ewige Roma; nur mir schweiget noch alles so still.
O wer flüstert mir zu, an welchem Fenster erblick ich
Einst das holde Geschöpf, das mich versengend erquickt?

Ahn ich die Wege noch nicht, durch die ich immer und immer,
Zu ihr und von ihr zu gehn, opfre die köstliche Zeit?
Noch betracht ich Kirch und Palast, Ruinen und Säulen,
Wie ein bedächtiger Mann schicklich die Reise benutzt.
Doch bald ist es vorbei; dann wird ein einziger Tempel,
Amors Tempel, nur sein, der den Geweihten empfängt.
Eine Welt zwar bist du, o Rom; doch ohne die Liebe
Wäre die Welt nicht die Welt, wäre denn Rom auch nicht Rom.

### *II*

#### Erste Fassung

Fraget nun, wen ihr auch wollt, mich werdet ihr nimmer erreichen,
Schöne Damen, und ihr, Herren der feineren Welt!
Ob denn auch Werther gelebt? Ob denn auch alles fein wahr sei?
Welche Stadt sich mit Recht Lottens, der einzigen, rühmt?
Ach, wie hab ich so oft die törichten Blätter verwünschet,
Die mein jugendlich Leid unter die Menschen gebracht!
Wäre Werther mein Bruder gewesen, ich hätt ihn erschlagen,
Kaum verfolgte mich so rächend sein trauriger Geist.
So verfolgte das Liedchen *Malbrough* den reisenden Briten
Erst von Paris nach Livorn, dann von Livorno nach Rom,
Weiter nach Napel hinunter, und wär er nach Madras gesegelt,
*Malbrough* empfing ihn auch dort, *Malbrough* im Hafen das Lied.
Glücklich bin ich entflohn! Sie kennet Werthern und Lotten,
Kennet den Namen des Manns, der sie sich eignete, kaum.
Sie erkennet in ihm den freien, rüstigen Fremden,
Der in Bergen und Schnee hölzerne Häuser bewohnt.

#### Letzte Fassung

Ehret, wen ihr auch wollt! Nun bin ich endlich geborgen!
Schöne Damen und ihr, Herren der feineren Welt,

Fraget nach Oheim und Vetter und alten Muhmen und Tanten,
Und dem gebundnen Gespräch folge das traurige Spiel.
Auch ihr übrigen fahret mir wohl, in großen und kleinen
Zirkeln, die ihr mich oft nah der Verzweiflung gebracht.
Wiederholet, politisch und zwecklos, jegliche Meinung,
Die den Wandrer mit Wut über Europa verfolgt.
So verfolgte das Liedchen *Malbrough* den reisenden Briten
Einst von Paris nach Livorn, dann von Livorno nach Rom,
Weiter nach Napel hinunter; und wär er nach Smyrna gesegelt,
Malbrough! empfing ihn auch dort! Malbrough! im Hafen das Lied.
Und so mußt ich bis jetzt auf allen Tritten und Schritten
Schelten hören das Volk, schelten der Könige Rat.
Nun entdeckt ihr mich nicht so bald in meinem Asyle,
Das mir Amor der Fürst, königlich schützend, verlieh.
Hier bedecket er mich mit seinem Fittich; die Liebste
Fürchtet, römisch gesinnt, wütende Gallier nicht;
Sie erkundigt sich nie nach neuer Märe, sie spähet
Sorglich den Wünschen des Manns, dem sie sich eignete, nach.
Sie ergetzt sich an ihm, dem freien, rüstigen Fremden,
Der von Bergen und Schnee, hölzernen Häusern erzählt;
Teilt die Flammen, die sie in seinem Busen entzündet,
Freut sich, daß er das Gold nicht wie der Römer bedenkt.
Besser ist ihr Tisch nun bestellt; es fehlet an Kleidern,
Fehlet am Wagen ihr nicht, der nach der Oper sie bringt.
Mutter und Tochter erfreun sich ihres nordischen Gastes,
Und der Barbare beherrscht römischen Busen und Leib.

## *III*

Laß dich, Geliebte, nicht reun, daß du mir so schnell dich ergeben!
Glaub es, ich denke nicht frech, denke nicht niedrig von dir.
Vielfach wirken die Pfeile des Amor: einige ritzen,
Und vom schleichenden Gift kranket auf Jahre das Herz.
Aber mächtig befiedert, mit frisch geschliffener Schärfe
Dringen die andern ins Mark, zünden behende das Blut.

In der heroischen Zeit, da Götter und Göttinnen liebten,
Folgte Begierde dem Blick, folgte Genuß der Begier.
Glaubst du, es habe sich lange die Göttin der Liebe besonnen,
Als im Idäischen Hain einst ihr Anchises gefiel?
Hätte Luna gesäumt, den schönen Schläfer zu küssen,
O, so hätt ihn geschwind, neidend, Aurora geweckt.
Hero erblickte Leandern am lauten Fest, und behende
Stürzte der Liebende sich heiß in die nächtliche Flut.
Rhea Silvia wandelt, die fürstliche Jungfrau, der Tiber
Wasser zu schöpfen, hinab, und sie ergreifet der Gott.
So erzeugte die Söhne sich Mars! – Die Zwillinge tränket
Eine Wölfin, und Rom nennt sich die Fürstin der Welt.

## *IV*

Fromm sind wir Liebende, still verehren wir alle Dämonen,
Wünschen uns jeglichen Gott, jegliche Göttin geneigt.
Und so gleichen wir euch, o römische Sieger! Den Göttern
Aller Völker der Welt bietet ihr Wohnungen an,
Habe sie schwarz und streng aus altem Basalt der Ägypter,
Oder ein Grieche sie weiß, reizend, aus Marmor geformt.
Doch verdrießet es nicht die Ewigen, wenn wir besonders
Weihrauch köstlicher Art Einer der Göttlichen streun.
Ja, wir bekennen euch gern: es bleiben unsre Gebete,
Unser täglicher Dienst Einer besonders geweiht.
Schalkhaft, munter und ernst begehen wir heimliche Feste,
Und das Schweigen geziemt allen Geweihten genau.
Eh an die Ferse lockten wir selbst durch gräßliche Taten
Uns die Erinnyen her, wagten es eher, des Zeus
Hartes Gericht am rollenden Rad und am Felsen zu dulden,
Als dem reizenden Dienst unser Gemüt zu entziehn.
Diese Göttin, sie heißt *Gelegenheit;* lernet sie kennen!
Sie erscheinet euch oft, immer in andrer Gestalt.
Tochter des Proteus möchte sie sein, mit Thetis gezeuget,
Deren verwandelte List manchen Heroen betrog.
So betriegt nun die Tochter den Unerfahrnen, den Blöden:
Schlummernde necket sie stets, Wachende fliegt sie vorbei;

Gern ergibt sie sich nur dem raschen, tätigen Manne,
  Dieser findet sie zahm, spielend und zärtlich und hold.
Einst erschien sie auch mir, ein bräunliches Mädchen, die Haare
  Fielen ihr dunkel und reich über die Stirne herab,
Kurze Locken ringelten sich ums zierliche Hälschen,
  Ungeflochtenes Haar krauste vom Scheitel sich auf.
Und ich verkannte sie nicht, ergriff die Eilende, lieblich
  Gab sie Umarmung und Kuß bald mir gelehrig zurück.
O wie war ich beglückt! – Doch stille, die Zeit ist vorüber,
  Und umwunden bin ich, römische Flechten, von euch.

## *V*

Froh empfind ich mich nun auf klassischem Boden begeistert;
  Vor- und Mitwelt spricht lauter und reizender mir.
Hier befolg ich den Rat, durchblättre die Werke der Alten
  Mit geschäftiger Hand, täglich mit neuem Genuß.
Aber die Nächte hindurch hält Amor mich anders beschäftigt;
  Werd ich auch halb nur gelehrt, bin ich doch doppelt beglückt.
Und belehr ich mich nicht, indem ich des lieblichen Busens
  Formen spähe, die Hand leite die Hüften hinab?
Dann versteh ich den Marmor erst recht; ich denk und vergleiche,
  Sehe mit fühlendem Aug, fühle mit sehender Hand.
Raubt die Liebste denn gleich mir einige Stunden des Tages,
  Gibt sie Stunden der Nacht mir zur Entschädigung hin.
Wird doch nicht immer geküßt, es wird vernünftig gesprochen;
  Überfällt sie der Schlaf, lieg ich und denke mir viel.
Oftmals hab ich auch schon in ihren Armen gedichtet
  Und des Hexameters Maß leise mit fingernder Hand
Ihr auf den Rücken gezählt. Sie atmet in lieblichem Schlummer,
  Und es durchglühet ihr Hauch mir bis ins Tiefste die Brust.
Amor schüret die Lamp indes und denket der Zeiten,
  Da er den nämlichen Dienst seinen Triumvirn getan.

## VI

„Kannst du, o Grausamer! mich in solchen Worten betrüben?
  Reden so bitter und hart liebende Männer bei euch?
Wenn das Volk mich verklagt, ich muß es dulden! und bin ich
  Etwa nicht schuldig? Doch ach! schuldig nur bin ich mit dir!
Diese Kleider, sie sind der neidischen Nachbarin Zeugen,
  Daß die Witwe nicht mehr einsam den Gatten beweint.
Bist du ohne Bedacht nicht oft bei Mondschein gekommen,
  Grau, im dunkeln Surtout, hinten gerundet das Haar?
Hast du dir scherzend nicht selbst die geistliche Maske gewählet?
  Solls ein Prälate denn sein! gut, der Prälate bist du.
In dem geistlichen Rom, kaum scheint es zu glauben, doch schwör ich:
  Nie hat ein Geistlicher sich meiner Umarmung gefreut.
Arm war ich leider! und jung, und wohlbekannt den Verführern;
  Falconieri hat mir oft in die Augen gegafft,
Und ein Kuppler Albanis mich, mit gewichtigen Zetteln,
  Bald nach Ostia, bald nach den vier Brunnen gelockt.
Aber wer nicht kam, war das Mädchen. So hab ich von Herzen
  Rotstrumpf immer gehaßt und Violettstrumpf dazu.
Denn „ihr Mädchen bleibt am Ende doch die Betrognen“,
  Sagte der Vater, wenn auch leichter die Mutter es nahm.
Und so bin ich denn auch am Ende betrogen! Du zürnest
  Nur zum Scheine mit mir, weil du zu fliehen gedenkst.
Geh! Ihr seid der Frauen nicht wert! Wir tragen die Kinder
  Unter dem Herzen, und so tragen die Treue wir auch;
Aber ihr Männer, ihr schüttet mit eurer Kraft und Begierde
  Auch die Liebe zugleich in den Umarmungen aus!“
Also sprach die Geliebte und nahm den Kleinen vom Stuhle,
  Drückt' ihn küssend ans Herz, Tränen entquollen dem Blick.
Und wie saß ich beschämt, daß Reden feindlicher Menschen
  Dieses liebliche Bild mir zu beflecken vermocht!
Dunkel brennt das Feuer nur augenblicklich und dampfet,
  Wenn das Wasser die Glut stürzend und jählings verhüllt;
Aber sie reinigt sich schnell, verjagt die trübenden Dämpfe,
  Neuer und mächtiger dringt leuchtende Flamme hinauf.

## VII

O wie fühl ich in Rom mich so froh! gedenk ich der Zeiten,
Da mich ein graulicher Tag hinten im Norden umfing,
Trübe der Himmel und schwer auf meine Scheitel sich senkte,
Farb- und gestaltlos die Welt um den Ermatteten lag,
Und ich über mein Ich, des unbefriedigten Geistes
Düstre Wege zu spähn, still in Betrachtung versank.
Nun umleuchtet der Glanz des helleren Äthers die Stirne;
Phöbus rufet, der Gott, Formen und Farben hervor.
Sternhell glänzet die Nacht, sie klingt von weichen Gesängen,
Und mir leuchtet der Mond heller als nordischer Tag.
Welche Seligkeit ward mir Sterblichem! Träum ich? Empfänget
Dein ambrosisches Haus, Jupiter Vater, den Gast?
Ach! hier lieg ich und strecke nach deinen Knieen die Hände
Flehend aus. O vernimm, Jupiter Xenius, mich!
Wie ich hereingekommen, ich kanns nicht sagen: es faßte
Hebe den Wandrer und zog mich in die Hallen heran.
Hast du ihr einen Heroen herauf zu führen geboten?
Irrte die Schöne? Vergib! Laß mir des Irrtums Gewinn!
Deine Tochter Fortuna, sie auch! Die herrlichsten Gaben
Teilt als ein Mädchen sie aus, wie es die Laune gebeut.
Bist du der wirtliche Gott? O dann so verstoße den Gastfreund
Nicht von deinem Olymp wieder zur Erde hinab!
„Dichter! wohin versteigest du dich?“ – Vergib mir; der hohe
Kapitolinische Berg ist dir ein zweiter Olymp.
Dulde mich, Jupiter, hier, und Hermes führe mich später,
Cestius' Mal vorbei, leise zum Orkus hinab.

## VIII

Wenn du mir sagst, du habest als Kind, Geliebte, den Menschen
Nicht gefallen, und dich habe die Mutter verschmäht,
Bis du größer geworden und still dich entwickelt, ich glaub es:
Gerne denk ich mir dich als ein besonderes Kind.

Fehlet Bildung und Farbe doch auch der Blüte des Weinstocks,
Wenn die Beere, gereift, Menschen und Götter entzückt.

### *IX*

Herbstlich leuchtet die Flamme vom ländlich geselligen Herde,
Knistert und glänzet, wie rasch! sausend vom Reisig empor.
Diesen Abend erfreut sie mich mehr; denn eh noch zur Kohle
Sich das Bündel verzehrt, unter die Asche sich neigt,
Kommt mein liebliches Mädchen. Dann flammen Reisig und Scheite,
Und die erwärmete Nacht wird uns ein glänzendes Fest.
Morgen frühe geschäftig verläßt sie das Lager der Liebe,
Weckt aus der Asche behend Flammen aufs neue hervor.
Denn vor andern verlieh der Schmeichlerin Amor die Gabe,
Freude zu wecken, die kaum still wie zu Asche versank.

### *X*

Alexander und Cäsar und Heinrich und Friedrich, die Großen,
Gäben die Hälfte mir gern ihres erworbenen Ruhms,
Könnt ich auf Eine Nacht dies Lager jedem vergönnen;
Aber die armen, sie hält strenge des Orkus Gewalt.
Freue dich also, Lebendger, der lieberwärmeten Stätte,
Ehe den fliehenden Fuß schauerlich Lethe dir netzt.

### *XI*

Euch, o Grazien, legt die wenigen Blätter ein Dichter
Auf den reinen Altar, Knospen der Rose dazu,
Und er tut es getrost. Der Künstler freuet sich seiner
Werkstatt, wenn sie um ihn immer ein Pantheon scheint.
Jupiter senket die göttliche Stirn, und Juno erhebt sie;
Phöbus schreitet hervor, schüttelt das lockige Haupt;
Trocken schauet Minerva herab, und Hermes, der leichte,

Wendet zur Seite den Blick, schalkisch und zärtlich zugleich.
Aber nach Bacchus, dem weichen, dem träumenden, hebet Cythere
Blicke der süßen Begier, selbst in dem Marmor noch feucht.
Seiner Umarmung gedenket sie gern und scheinet zu fragen:
Sollte der herrliche Sohn uns an der Seite nicht stehn?

## *XII*

Hörest du, Liebchen, das muntre Geschrei den Flaminischen Weg her?
Schnitter sind es; sie ziehn wieder nach Hause zurück,
Weit hinweg. Sie haben des Römers Ernte vollendet,
Der für Ceres den Kranz selber zu flechten verschmäht.
Keine Feste sind mehr der großen Göttin gewidmet,
Die, statt Eicheln, zur Kost goldenen Weizen verlieh.
Laß uns beide das Fest im stillen freudig begehen!
Sind zwei Liebende doch sich ein versammeltes Volk.
Hast du wohl je gehört von jener mystischen Feier,
Die von Eleusis hieher frühe dem Sieger gefolgt?
Griechen stifteten sie, und immer riefen nur Griechen,
Selbst in den Mauern Roms: „Kommt zur geheiligten Nacht!"
Fern entwich der Profane; da bebte der wartende Neuling,
Den ein weißes Gewand, Zeichen der Reinheit, umgab.
Wunderlich irrte darauf der Eingeführte durch Kreise
Seltner Gestalten; im Traum schien er zu wallen: denn hier
Wanden sich Schlangen am Boden umher, verschlossene Kästchen,
Reich mit Ähren umkränzt, trugen hier Mädchen vorbei,
Vielbedeutend gebärdeten sich die Priester und summten;
Ungeduldig und bang harrte der Lehrling auf Licht.
Erst nach mancherlei Proben und Prüfungen ward ihm enthüllet,
Was der geheiligte Kreis seltsam in Bildern verbarg.
Und was war das Geheimnis! als daß Demeter, die große,
Sich gefällig einmal auch einem Helden bequemt,
Als sie Jasion einst, dem rüstigen König der Kreter,
Ihres unsterblichen Leibs holdes Verborgne gegönnt.

Da war Kreta beglückt! das Hochzeitbette der Göttin
  Schwoll von Ähren, und reich drückte den Acker die Saat.
Aber die übrige Welt verschmachtete; denn es versäumte
  Über der Liebe Genuß Ceres den schönen Beruf.
Voll Erstaunen vernahm der Eingeweihte das Märchen,
  Winkte der Liebsten – Verstehst du nun, Geliebte, den Wink?
Jene buschige Myrte beschattet ein heiliges Plätzchen!
  Unsre Zufriedenheit bringt keine Gefährde der Welt.

## *XIII*

Amor bleibet ein Schalk, und wer ihm vertraut, ist betrogen!
  Heuchelnd kam er zu mir: „Diesmal nur traue mir noch.
Redlich mein ichs mit dir: du hast dein Leben und Dichten,
  Dankbar erkenn ich es wohl, meiner Verehrung geweiht.
Siehe, dir bin ich nun gar nach Rom gefolget; ich möchte
  Dir im fremden Gebiet gern was Gefälliges tun.
Jeder Reisende klagt, er finde schlechte Bewirtung;
  Welchen Amor empfiehlt, köstlich bewirtet ist er.
Du betrachtest mit Staunen die Trümmern alter Gebäude
  Und durchwandelst mit Sinn diesen geheiligten Raum.
Du verehrest noch mehr die werten Reste des Bildens
  Einziger Künstler, die stets ich in der Werkstatt besucht.
Diese Gestalten, ich formte sie selbst! Verzeih mir, ich prahle
  Diesmal nicht; du gestehst, was ich dir sage, sei wahr.
Nun du mir lässiger dienst, wo sind die schönen Gestalten,
  Wo die Farben, der Glanz deiner Erfindungen hin?
Denkst du nun wieder zu bilden, o Freund? Die Schule der Griechen
  Blieb noch offen, das Tor schlossen die Jahre nicht zu.
Ich, der Lehrer, bin ewig jung, und liebe die Jungen.
  Altklug lieb ich dich nicht! Munter! Begreife mich wohl!
War das Antike doch neu, da jene Glücklichen lebten!
  Lebe glücklich, und so lebe die Vorzeit in dir!
Stoff zum Liede, wo nimmst du ihn her? Ich muß dir ihn geben,
  Und den höheren Stil lehret die Liebe dich nur."

Also sprach der Sophist. Wer widerspräch ihm? und leider
Bin ich zu folgen gewöhnt, wenn der Gebieter befiehlt. –
Nun, verräterisch hält er sein Wort, gibt Stoff zu Gesängen,
Ach! und raubt mir die Zeit, Kraft und Besinnung zugleich;
Blick und Händedruck, und Küsse, gemütliche Worte,
Silben köstlichen Sinns wechselt ein liebendes Paar.
Da wird Lispeln Geschwätz, wird Stottern liebliche Rede:
Solch ein Hymnus verhallt ohne prosodisches Maß.
Dich, Aurora, wie kannt ich dich sonst als Freundin der Musen!
Hat, Aurora, dich auch Amor, der lose, verführt?
Du erscheinest mir nun als seine Freundin, und weckest
Mich an seinem Altar wieder zum festlichen Tag.
Find ich die Fülle der Locken an meinem Busen! Das Köpfchen
Ruhet und drücket den Arm, der sich dem Halse bequemt.
Welch ein freudig Erwachen, erhieltet ihr, ruhige Stunden,
Mir das Denkmal der Lust, die in den Schlaf uns gewiegt! –
Sie bewegt sich im Schlummer und sinkt auf die Breite des Lagers,
Weggewendet; und doch läßt sie mir Hand noch in Hand.
Herzliche Liebe verbindet uns stets und treues Verlangen,
Und den Wechsel behielt nur die Begierde sich vor.
Einen Druck der Hand, ich sehe die himmlischen Augen
Wieder offen. – O nein! laßt auf der Bildung mich ruhn!
Bleibt geschlossen! ihr macht mich verwirrt und trunken, ihr raubet
Mir den stillen Genuß reiner Betrachtung zu früh.
Diese Formen, wie groß! wie edel gewendet die Glieder!
Schlief Ariadne so schön: Theseus, du konntest entfliehn?
Diesen Lippen ein einziger Kuß! O Theseus, nun scheide!
Blick ihr ins Auge! Sie wacht! – Ewig nun hält sie dich fest.

### *XIV*

Zünde mir Licht an, Knabe! – „Noch ist es hell. Ihr verzehret
Öl und Docht nur umsonst. Schließet die Läden doch nicht!
Hinter die Häuser entwich, nicht hinter den Berg, uns die Sonne!

Ein halb Stündchen noch währts bis zum Geläute der Nacht." –
Unglückseliger! geh und gehorch! Mein Mädchen erwart ich.
Tröste mich, Lämpchen, indes, lieblicher Bote der Nacht!

## *XV*

Cäsarn wär ich wohl nie zu fernen Britannen gefolget,
Florus hätte mich leicht in die Popine geschleppt!
Denn mir bleiben weit mehr die Nebel des traurigen Nordens,
Als ein geschäftiges Volk südlicher Flöhe verhaßt.
Und noch schöner von heut an seid mir gegrüßet, ihr Schenken,
Osterien, wie euch schicklich der Römer benennt;
Denn ihr zeigtet mir heute die Liebste, begleitet vom Oheim,
Den die Gute so oft, mich zu besitzen, betriegt.
Hier stand unser Tisch, den Deutsche vertraulich umgaben;
Drüben suchte das Kind neben der Mutter den Platz,
Rückte vielmals die Bank und wußt es artig zu machen,
Daß ich halb ihr Gesicht, völlig den Nacken gewann.
Lauter sprach sie, als hier die Römerin pfleget, kredenzte,
Blickte gewendet nach mir, goß und verfehlte das Glas.
Wein floß über den Tisch, und sie, mit zierlichem Finger,
Zog auf dem hölzernen Blatt Kreise der Feuchtigkeit hin.
Meinen Namen verschlang sie dem ihrigen; immer begierig
Schaut ich dem Fingerchen nach, und sie bemerkte mich wohl.
Endlich zog sie behende das Zeichen der römischen Fünfe
Und ein Strichlein davor. Schnell, und sobald ichs gesehn,
Schlang sie Kreise durch Kreise, die Lettern und Ziffern zu löschen;
Aber die köstliche *Vier* blieb mir ins Auge geprägt.
Stumm war ich sitzen geblieben, und biß die glühende Lippe,
Halb aus Schalkheit und Lust, halb aus Begierde, mir wund.
Erst noch so lange bis Nacht! dann noch vier Stunden zu warten!
Hohe Sonne, du weilst, und du beschauest dein Rom!
Größeres sahest du nichts und wirst nichts Größeres sehen,
Wie es dein Priester Horaz in der Entzückung versprach.
Aber heute verweile mir nicht, und wende die Blicke
Von dem Siebengebirg früher und williger ab!

Einem Dichter zuliebe verkürze die herrlichen Stunden,
Die mit begierigem Blick selig der Maler genießt;
Glühend blicke noch schnell zu diesen hohen Fassaden,
Kuppeln und Säulen zuletzt und Obelisken herauf;
Stürze dich eilig ins Meer, um morgen früher zu sehen,
Was Jahrhunderte schon göttliche Lust dir gewährt:
Diese feuchten, mit Rohr so lange bewachsnen Gestade,
Diese mit Bäumen und Busch düster beschatteten Höhn.
Wenig Hütten zeigten sie erst; dann sahst du auf einmal
Sie vom wimmelnden Volk glücklicher Räuber belebt.
Alles schleppten sie drauf an diese Stätte zusammen;
Kaum war das übrige Rund deiner Betrachtung noch wert.
Sahst eine Welt hier entstehn, sahst dann eine Welt hier in Trümmern,
Aus den Trümmern aufs neu fast eine größere Welt!
Daß ich diese noch lange von dir beleuchtet erblicke,
Spinne die Parze mir klug langsam den Faden herab.
Aber sie eile herbei, die schön bezeichnete Stunde! –
Glücklich! hör ich sie schon? Nein; doch ich höre schon Drei.
So, ihr lieben Musen, betrogt ihr wieder die Länge
Dieser Weile, die mich von der Geliebten getrennt.
Lebet wohl! Nun eil ich, und fürcht euch nicht zu beleidgen;
Denn ihr Stolzen, ihr gebt Amorn doch immer den Rang.

## *XVI*

„Warum bist du, Geliebter, nicht heute zur Vigne gekommen?
Einsam, wie ich versprach, wartet ich oben auf dich.“ –
Beste, schon war ich hinein; da sah ich zum Glücke den Oheim
Neben den Stöcken, bemüht, hin sich und her sich zu drehn.
Schleichend eilt ich hinaus! – „O welch ein Irrtum ergriff dich!
Eine Scheuche nur wars, was dich vertrieb! Die Gestalt
Flickten wir emsig zusammen aus alten Kleidern und Rohren;
Emsig half ich daran, selbst mir zu schaden bemüht.“ –
Nun, des Alten Wunsch ist erfüllt; den losesten Vogel
Scheucht' er heute, der ihm Gärtchen und Nichte bestiehlt.

## XVII

Manche Töne sind mir Verdruß, doch bleibet am meisten
Hundegebell mir verhaßt; kläffend zerreißt es mein Ohr.
Einen Hund nur hör ich sehr oft mit frohem Behagen
Bellend kläffen, den Hund, den sich der Nachbar erzog.
Denn er bellte mir einst mein Mädchen an, da sie sich heimlich
Zu mir stahl, und verriet unser Geheimnis beinah.
Jetzo, hör ich ihn bellen, so denk ich mir immer: sie kommt wohl!
Oder ich denke der Zeit, da die Erwartete kam.

## XVIII

Eines ist mir verdrießlich vor allen Dingen, ein andres
Bleibt mir abscheulich, empört jegliche Faser in mir,
Nur der bloße Gedanke. Ich will es euch, Freunde, gestehen:
Gar verdrießlich ist mir einsam das Lager zu Nacht.
Aber ganz abscheulich ists, auf dem Wege der Liebe
Schlangen zu fürchten, und Gift unter den Rosen der Lust,
Wenn im schönsten Moment der hin sich gebenden Freude
Deinem sinkenden Haupt lispelnde Sorge sich naht.
Darum macht Faustine mein Glück; sie teilet das Lager
Gerne mit mir, und bewahrt Treue dem Treuen genau.
Reizendes Hindernis will die rasche Jugend; ich liebe,
Mich des versicherten Guts lange bequem zu erfreun.
Welche Seligkeit ists! wir wechseln sichere Küsse,
Atem und Leben getrost saugen und flößen wir ein.
So erfreuen wir uns der langen Nächte, wir lauschen,
Busen an Busen gedrängt, Stürmen und Regen und Guß.
Und so dämmert der Morgen heran; es bringen die Stunden
Neue Blumen herbei, schmücken uns festlich den Tag.
Gönnet mir, o Quiriten! das Glück, und jedem gewähre
Aller Güter der Welt erstes und letztes der Gott!

## XIX

Schwer erhalten wir uns den guten Namen, denn Fama
Steht mit Amorn, ich weiß, meinem Gebieter, in Streit.
Wißt auch ihr, woher es entsprang, daß beide sich hassen?
Alte Geschichten sind das, und ich erzähle sie wohl.
Immer die mächtige Göttin, doch war sie für die Gesellschaft
Unerträglich, denn gern führt sie das herrschende Wort;
Und so war sie von je, bei allen Göttergelagen,
Mit der Stimme von Erz, Großen und Kleinen verhaßt.
So berühmte sie einst sich übermütig, sie habe
Jovis herrlichen Sohn ganz sich zum Sklaven gemacht.
„Meinen Herkules führ ich dereinst, o Vater der Götter",
Rief triumphierend sie aus, „wiedergeboren dir zu.
Herkules ist es nicht mehr, den dir Alkmene geboren;
Seine Verehrung für mich macht ihn auf Erden zum Gott.
Schaut er nach dem Olymp, so glaubst du, er schaue nach deinen
Mächtigen Knieen; vergib! nur in den Äther nach mir
Blickt der würdigste Mann; nur mich zu verdienen, durchschreitet
Leicht sein mächtiger Fuß Bahnen, die keiner betrat;
Aber auch ich begegn ihm auf seinen Wegen, und preise
Seinen Namen voraus, eh er die Tat noch beginnt.
Mich vermählst du ihm einst; der Amazonen Besieger
Werd auch meiner, und ihn nenn ich mit Freuden Gemahl!"
Alles schwieg; sie mochten nicht gern die Prahlerin reizen:
Denn sie denkt sich, erzürnt, leicht was Gehässiges aus.
Amorn bemerkte sie nicht: er schlich beiseite; den Helden
Bracht er mit weniger Kunst unter der Schönsten Gewalt.
Nun vermummt er sein Paar: ihr hängt er die Bürde des Löwen
Über die Schultern und lehnt mühsam die Keule dazu,
Drauf bespickt er mit Blumen des Helden sträubende Haare,
Reichet den Rocken der Faust, die sich dem Scherze bequemt.
So vollendet er bald die neckische Gruppe; dann läuft er,
Ruft durch den ganzen Olymp: „Herrliche Taten geschehn!
Nie hat Erd und Himmel, die unermüdete Sonne
Hat auf der ewigen Bahn keines der Wunder erblickt."

Alles eilte; sie glaubten dem losen Knaben, denn ernstlich
Hatt er gesprochen; und auch Fama, sie blieb nicht zurück.
Wer sich freute, den Mann so tief erniedrigt zu sehen,
Denkt ihr! Juno. Es galt Amorn ein freundlich Gesicht.
Fama daneben, wie stand sie beschämt, verlegen, verzweifelnd!
Anfangs lachte sie nur: „Masken, ihr Götter, sind das!
Meinen Helden, ich kenn ihn zu gut! Es haben Tragöden
Uns zum besten!" Doch bald sah sie mit Schmerzen, er wars! –
Nicht den tausendsten Teil verdroß es Vulkanen, sein Weibchen
Mit dem rüstigen Freund unter den Maschen zu sehn,
Als das verständige Netz im rechten Moment sie umfaßte,
Rasch die Verschlungnen umschlang, fest die Genießenden hielt.
Wie sich die Jünglinge freuten! Merkur und Bacchus! sie beide
Mußten gestehn: es sei, über dem Busen zu ruhn
Dieses herrlichen Weibes, ein schöner Gedanke. Sie baten:
Löse, Vulkan, sie noch nicht! Laß sie noch einmal besehn.
Und der Alte war so Hahnrei, und hielt sie nur fester. –
Aber Fama, sie floh rasch und voll Grimmes davon.
Seit der Zeit ist zwischen den zweien der Fehde nicht Stillstand;
Wie sie sich Helden erwählt, gleich ist der Knabe darnach.
Wer sie am höchsten verehrt, den weiß er am besten zu fassen,
Und den Sittlichsten greift er am gefährlichsten an.
Will ihm einer entgehn, den bringt er vom Schlimmen ins Schlimmste.
Mädchen bietet er an; wer sie ihm töricht verschmäht,
Muß erst grimmige Pfeile von seinem Bogen erdulden;
Mann erhitzt er auf Mann, treibt die Begierden aufs Tier.
Wer sich seiner schämt, der muß erst leiden; dem Heuchler
Streut er bittern Genuß unter Verbrechen und Not.
Aber auch sie, die Göttin, verfolgt ihn mit Augen und Ohren;
Sieht sie ihn einmal bei dir, gleich ist sie feindlich gesinnt,
Schreckt dich mit ernstem Blick, verachtenden Mienen, und heftig
Strenge verruft sie das Haus, das er gewöhnlich besucht.
Und so geht es auch mir: schon leid ich ein wenig; die Göttin,
Eifersüchtig, sie forscht meinem Geheimnisse nach.

Doch es ist ein altes Gesetz: ich schweig und verehre;
Denn der Könige Zwist büßten die Griechen, wie ich.

## *XX*

Zieret Stärke den Mann und freies mutiges Wesen,
Oh! so ziemet ihm fast tiefes Geheimnis noch mehr.
Städtebezwingerin du, Verschwiegenheit! Fürstin der Völker!
Teure Göttin, die mich sicher durchs Leben geführt,
Welches Schicksal erfahr ich! Es löset scherzend die Muse,
Amor löset, der Schalk, mir den verschlossenen Mund.
Ach, schon wird es so schwer, der Könige Schande verbergen!
Weder die Krone bedeckt, weder ein phrygischer Bund
Midas' verlängertes Ohr; der nächste Diener entdeckt es,
Und ihm ängstet und drückt gleich das Geheimnis die Brust.
In die Erde vergrub er es gern, um sich zu erleichtern:
Doch die Erde verwahrt solche Geheimnisse nicht;
Rohre sprießen hervor und rauschen und lispeln im Winde:
Midas! Midas, der Fürst, trägt ein verlängertes Ohr!
Schwerer wird es nun mir, ein schönes Geheimnis zu wahren;
Ach, den Lippen entquillt Fülle des Herzens so leicht!
Keiner Freundin darf ichs vertraun: sie möchte mich schelten;
Keinem Freunde: vielleicht brächte der Freund mir Gefahr.
Mein Entzücken dem Hain, dem schallenden Felsen zu sagen,
Bin ich endlich nicht jung, bin ich nicht einsam genug.
Dir, Hexameter, dir, Pentameter, sei es vertrauet,
Wie sie des Tags mich erfreut, wie sie des Nachts mich beglückt.
Sie, von vielen Männern gesucht, vermeidet die Schlingen,
Die ihr der Kühnere frech, heimlich der Listige legt;
Klug und zierlich schlüpft sie vorbei und kennet die Wege,
Wo sie der Liebste gewiß lauschend begierig empfängt.
Zaudre, Luna, sie kommt! damit sie der Nachbar nicht sehe;
Rausche, Lüftchen, im Laub! niemand vernehme den Tritt.
Und ihr, wachset und blüht, geliebte Lieder, und wieget
Euch im leisesten Hauch lauer und liebender Luft,

Und entdeckt den Quiriten, wie jene Rohre geschwätzig,
Eines glücklichen Paars schönes Geheimnis zuletzt.

# Episteln

*Gerne hätt ich fortgeschrieben,*
*Aber es ist liegen blieben.*

## Erste Epistel

Jetzt, da jeglicher liest, und viele Leser das Buch nur
Ungeduldig durchblättern und, selbst die Feder ergreifend,
Auf das Büchlein ein Buch mit seltner Fertigkeit pfropfen,
Soll auch ich, du willst es, mein Freund, dir über das Schreiben
Schreibend, die Menge vermehren und meine Meinung verkünden,
Daß auch andere wieder darüber meinen, und immer
So ins Unendliche fort die schwankende Woge sich wälze.
Doch so fähret der Fischer dem hohen Meer zu, sobald ihm
Günstig der Wind und der Morgen erscheint; er treibt sein Gewerbe,
Wenn auch hundert Gesellen die blinkende Fläche durchkreuzen.
Edler Freund, du wünschest das Wohl des Menschengeschlechtes,
Unserer Deutschen besonders und ganz vorzüglich des nächsten
Bürgers, und fürchtest die Folgen gefährlicher Bücher; wir haben
Leider oft sie gesehen. Was sollte man, oder was könnten
Biedere Männer vereint, was könnten die Herrscher bewirken?
Ernst und wichtig erscheint mir die Frage, doch trifft sie mich eben
In vergnüglicher Stimmung. Im warmen heiteren Wetter

Glänzet fruchtbar die Gegend, mir bringen liebliche Lüfte
Über die wallende Flut süß duftende Kühlung herüber,
Und dem Heitern erscheint die Welt auch heiter, und ferne
Schwebt die Sorge mir nur in leichten Wölkchen vorüber.
Was mein leichter Griffel entwirft, ist leicht zu verlöschen,
Und viel tiefer präget sich nicht der Eindruck der Lettern,
Die, so sagt man, der Ewigkeit trotzen. Freilich an viele
Spricht die gedruckte Kolumne; doch bald, wie jeder sein Antlitz,
Das er im Spiegel gesehen, vergißt, die behaglichen Züge,
So vergißt er das Wort, wenn auch von Erze gestempelt.

Reden schwanken so leicht herüber hinüber, wenn viele
Sprechen und jeder nur sich im eigenen Worte, sogar auch
Nur sich selbst im Worte vernimmt, das der andere sagte.
Mit den Büchern ist es nicht anders. Liest doch nur jeder
Aus dem Buch sich heraus, und ist er gewaltig, so liest er
In das Buch sich hinein, amalgamiert sich das Fremde.
Ganz vergebens strebst du daher, durch Schriften des Menschen
Schon entschiedenen Hang und seine Neigung zu wenden;
Aber bestärken kannst du ihn wohl in seiner Gesinnung,
Oder, war er noch neu, in dieses ihn tauchen und jenes.

Sag ich, wie ich es denke, so scheint durchaus mir: es bildet
Nur das Leben den Mann, und wenig bedeuten die Worte.
Denn zwar hören wir gern, was unsre Meinung bestätigt,
Aber das Hören bestimmt nicht die Meinung; was uns zuwider
Wäre, glaubten wir wohl dem künstlichen Redner; doch eilet
Unser befreites Gemüt, gewohnte Bahnen zu suchen.
Sollen wir freudig horchen und willig gehorchen, so mußt du
Schmeicheln. Sprichst du zum Volke, zu Fürsten und Königen, allen
Magst du Geschichten erzählen, worin als wirklich erscheinet,
Was sie wünschen und was sie selber zu leben begehrten.
Wäre Homer von allen gehört, von allen gelesen,
Schmeichelt' er nicht dem Geiste sich ein, es sei auch der Hörer,
Wer er sei, und klinget nicht immer im hohen Palaste,
In des Königes Zelt die Ilias herrlich dem Helden?

Hört nicht aber dagegen Ulyssens wandernde Klugheit
Auf dem Markte sich besser, da wo sich der Bürger versammelt?
Dort sieht jeglicher Held in Helm und Harnisch, es sieht hier
Sich der Bettler sogar in seinen Lumpen veredelt.

Also hört ich einmal, am wohlgepflasterten Ufer
Jener Neptunischen Stadt, allwo man geflügelte Löwen
Göttlich verehrt, ein Märchen erzählen. Im Kreise geschlossen,
Drängte das horchende Volk sich um den zerlumpten
Rhapsoden.
Einst, so sprach er, verschlug mich der Sturm ans Ufer der Insel,
Die Utopien heißt. Ich weiß nicht, ob sie ein andrer
Dieser Gesellschaft jemals betrat; sie lieget im Meere
Links von Herkules' Säulen. Ich ward gar freundlich empfangen;
In ein Gasthaus führte man mich, woselbst ich das beste
Essen und Trinken fand und weiches Lager und Pflege.
So verstrich ein Monat geschwind. Ich hatte des Kummers
Völlig vergessen und jeglicher Not; da fing sich im stillen
Aber die Sorge nun an: wie wird die Zeche dir leider
Nach der Mahlzeit bekommen? Denn nichts enthielte der Säckel.
Reiche mir weniger! bat ich den Wirt; er brachte nur immer
Desto mehr. Da wuchs mir die Angst, ich konnte nicht länger
Essen und sorgen, und sagte zuletzt: Ich bitte, die Zeche
Billig zu machen, Herr Wirt! Er aber mit finsterem Auge
Sah von der Seite mich an, ergriff den Knittel und schwenkte
Unbarmherzig ihn über mich her und traf mir die Schultern,
Traf den Kopf und hätte beinah mich zu Tode geschlagen.
Eilend lief ich davon und suchte den Richter; man holte
Gleich den Wirt, der ruhig erschien und bedächtig versetzte:

Also müß es allen ergehn, die das heilige Gastrecht
Unserer Insel verletzen und, unanständig und gottlos,
Zeche verlangen vom Manne, der sie doch höflich bewirtet.
Sollt ich solche Beleidigung dulden im eigenen Hause?
Nein! es hätte fürwahr statt meines Herzens ein Schwamm nur
Mir im Busen gewohnt, wofern ich dergleichen gelitten.

Darauf sagte der Richter zu mir: Vergesset die Schläge,
Denn Ihr habt die Strafe verdient, ja schärfere Schmerzen;
Aber wollt Ihr bleiben und mitbewohnen die Insel,
Müsset Ihr Euch erst würdig beweisen und tüchtig zum Bürger.
Ach! versetzt ich, mein Herr, ich habe leider mich niemals
Gerne zur Arbeit gefügt. So hab ich auch keine Talente,
Die den Menschen bequemer ernähren; man hat mich im Spott nur
Hans Ohnsorge genannt und mich von Hause vertrieben.

O, so sei uns gegrüßt! versetzte der Richter; du sollst dich
Oben setzen zu Tisch, wenn sich die Gemeine versammelt,
Sollst im Rate den Platz, den du verdienest, erhalten.
Aber hüte dich wohl, daß nicht ein schändlicher Rückfall
Dich zur Arbeit verleite, daß man nicht etwa das Grabscheit
Oder das Ruder bei dir im Hause finde, du wärest
Gleich auf immer verloren und ohne Nahrung und Ehre.
Aber auf dem Markte zu sitzen, die Arme geschlungen
Über dem schwellenden Bauch, zu hören lustige Lieder
Unserer Sänger, zu sehn die Tänze der Mädchen, der Knaben
Spiele, das werde dir Pflicht, die du gelobest und schwörest.
So erzählte der Mann, und heiter waren die Stirnen
Aller Hörer geworden, und alle wünschten des Tages
Solche Wirte zu finden, ja solche Schläge zu dulden.

## Epigramme

### Venedig 1790

*Wie man Geld und Zeit vertan,*
*Zeigt das Büchlein lustig an.*

1

Sarkophagen und Urnen verzierte der Heide mit Leben:
Faunen tanzen umher, mit der Bacchantinnen Chor
Machen sie bunte Reihe; der ziegengefüßete Pausback
Zwingt den heiseren Ton wild aus dem schmetternden Horn.
Zimbeln, Trommeln erklingen; wir sehen und hören den Marmor.
Flatternde Vögel! wie schmeckt herrlich dem Schnabel die Frucht!
Euch verscheuchet kein Lärm, noch weniger scheucht er den Amor,
Der in dem bunten Gewühl erst sich der Fackel erfreut.
So überwältiget Fülle den Tod; und die Asche da drinnen
Scheint, im stillen Bezirk, noch sich des Lebens zu freun.
So umgebe denn spät den Sarkophagen des Dichters
Diese Rolle, von ihm reichlich mit Leben geschmückt.

2

Kaum an dem blaueren Himmel erblickt ich die glänzende Sonne,
Reich, vom Felsen herab, Efeu zu Kränzen geschmückt,
Sah den emsigen Winzer die Rebe der Pappel verbinden,
Über die Wiege Virgils kam mir ein laulicher Wind:
Da gesellten die Musen sich gleich zum Freunde; wir pflogen
Abgerißnes Gespräch, wie es den Wanderer freut.

## 3

Immer halt ich die Liebste, begierig im Arme geschlossen,
Immer drängt sich mein Herz fest an den Busen ihr an,
Immer lehnet mein Haupt an ihren Knieen, ich blicke
Nach dem lieblichen Mund, ihr nach den Augen hinauf.
„Weichling!" schölte mich einer, „und so verbringst du die Tage?"
Ach, ich verbringe sie schlimm! Höre nur, wie mir geschieht:
Leider wend ich den Rücken der einzigen Freude des Lebens;
Schon den zwanzigsten Tag schleppt mich der Wagen dahin.
Vetturine trotzen mir nun, es schmeichelt der Kämmrer,
Und der Bediente vom Platz sinnet auf Lügen und Trug.
Will ich ihnen entgehn, so faßt mich der Meister der Posten,
Postillone sind Herrn, dann die Dogane dazu!
„Ich verstehe dich nicht! du widersprichst dir! du schienest
Paradiesisch zu ruhn, ganz, wie Rinaldo, beglückt."
Ach! ich verstehe mich wohl: es ist mein Körper auf Reisen,
Und es ruhet mein Geist stets der Geliebten im Schoß.

## 4

Das ist Italien, das ich verließ. Noch stäuben die Wege,
Noch ist der Fremde geprellt, stell er sich, wie er auch will.
Deutsche Redlichkeit suchst du in allen Winkeln vergebens:
Leben und Weben ist hier, aber nicht Ordnung und Zucht;
Jeder sorgt nur für sich, mißtrauet dem andern, ist eitel,
Und die Meister des Staats sorgen nur wieder für sich.
Schön ist das Land; doch ach! Faustinen find ich nicht wieder.
Das ist Italien nicht mehr, das ich mit Schmerzen verließ.

## 5

In der Gondel lag ich gestreckt und fuhr durch die Schiffe,
Die in dem großen Kanal, viele befrachtete, stehn.
Mancherlei Ware findest du da für manches Bedürfnis,
Weizen, Wein und Gemüs, Scheite, wie leichtes Gesträuch.
Pfeilschnell drangen wir durch; da traf ein verlorener Lorbeer

Derb mir die Wangen. Ich rief: Daphne, verletzest du mich?
Lohn erwartet ich eher! Die Nymphe lispelte lächelnd:
Dichter sündgen nicht schwer. Leicht ist die Strafe. Nur zu!

## 6

Seh ich den Pilgrim, so kann ich mich nie der Tränen enthalten.
O wie beseliget uns Menschen ein falscher Begriff!

## 7

Eine Liebe hatt ich, sie war mir lieber als alles!
Aber ich hab sie nicht mehr! Schweig, und ertrag den Verlust!

## 8

Diese Gondel vergleich ich der Wiege, sie schaukelt gefällig,
Und das Kästchen darauf scheint ein geräumiger Sarg.
Recht so! Zwischen der Wieg und dem Sarg wir schwanken und schweben
Auf dem großen Kanal sorglos durchs Leben dahin.

## 9

Siehst du neben dem Doge den Nuntius feierlich gehen?
Sie begraben den Herrn, einer versiegelt den Stein.
Was der Doge sich denkt, ich weiß es nicht; aber der andre
Lächelt über den Ernst dieses Gepränges gewiß.

## 10

Warum treibt sich das Volk so, und schreit? Es will sich ernähren,
Kinder zeugen, und die nähren, so gut es vermag.

Merke dir, Reisender, das und tue zu Hause desgleichen!
Weiter bringt es kein Mensch, stell er sich, wie er auch will.

11

Wie sie klingeln, die Pfaffen! Wie angelegen sies machen,
Daß man komme, nur ja plappre, wie gestern so heut!
Scheltet mir nicht die Pfaffen; sie kennen des Menschen Bedürfnis!
Denn wie ist er beglückt, plappert er morgen wie heut!

12

Mache der Schwärmer sich Schüler wie Sand am Meere – der Sand ist
Sand; die Perle sei mein, du, o vernünftiger Freund!

13

Süß, den sprossenden Klee mit weichlichen Füßen im Frühling
Und die Wolle des Lamms tasten mit zärtlicher Hand;
Süß, voll Blüten zu sehn die neulebendigen Zweige,
Dann das grünende Laub locken mit sehnendem Blick.
Aber süßer, mit Blumen dem Busen der Schäferin schmeicheln;
Ach! den gewohnten Genuß läßt mich entbehren der Mai.

14

Diesen Amboß vergleich ich dem Lande, den Hammer dem Fürsten,
Und dem Volke das Blech, das in der Mitte sich krümmt.
Wehe dem armen Blech! wenn nur willkürliche Schläge
Ungewiß treffen, und nie fertig der Kessel erscheint.

## 15

Schüler macht sich der Schwärmer genug, und rühret die Menge,
Wenn der vernünftige Mann einzelne Liebende zählt.
Wundertätige Bilder sind meist nur schlechte Gemälde:
Werke des Geists und der Kunst sind für den Pöbel nicht da.

## 16

Mache zum Herrscher sich der, der seinen Vorteil verstehet:
Doch wir wählten uns den, der sich auf unsern versteht.

## 17

Not lehrt beten, man sagts; will einer es lernen, er gehe
Nach Italien! Not findet der Fremde gewiß.

## 18

Welch ein heftig Gedränge nach diesem Laden! Wie emsig
Wägt man, empfängt man das Geld, reicht man die Ware dahin!
Schnupftabak wird hier verkauft. Das heißt sich selber erkennen!
Nieswurz holt sich das Volk, ohne Verordnung und Arzt.

## 19

Jeder Edle Venedigs kann Doge werden; das macht ihn
Gleich als Knaben so fein, eigen, bedächtig und stolz.
Darum sind die Oblaten so zart im katholischen Welschland;
Denn aus demselbigen Teig weihet der Priester den Gott.

## 20

Ruhig am Arsenal stehn zwei altgriechische Löwen;
Klein wird neben dem Paar Pforte, wie Turm und Kanal.
Käme die Mutter der Götter herab, es schmiegten sich beide

Vor den Wagen, und sie freute sich ihres Gespanns.
Aber nun ruhen sie traurig; der neue geflügelte Kater,
Überall schnurrt er, und ihn nennet Venedig Patron.

**21**

Emsig wallet der Pilger! Und wird er den Heiligen finden?
Hören und sehen den Mann, welcher die Wunder getan?
Nein, es führte die Zeit ihn hinweg: du findest nur Reste,
Seinen Schädel, ein paar seiner Gebeine verwahrt.
Wir sind alle Pilger, die wir Italien suchen;
Nur ein zerstreutes Gebein ehren wir gläubig und froh.

**22**

Jupiter Pluvius, heut erscheinst du ein freundlicher Dämon,
Vielfach ist das Geschenk dieses Momentes fürwahr:
Gibst Venedig zu trinken, dem Lande grünendes Wachstum,
Manches kleine Gedicht gibst du dem Büchelchen hier.

**23**

Gieße nur, tränke nur fort die rotbemäntelten Frösche,
Wäßre das durstende Land, daß es uns Broccoli schickt.
Nur durchwäßre mir nicht dies Büchlein; es sei mir ein Fläschchen
Reinen Arraks, und Punsch mache sich jeder nach Lust.

**24**

Sankt Johannes im Kot heißt jene Kirche; Venedig
Nenn ich mit doppeltem Recht heute Sankt Markus im Kot.

**25**

Hast du Bajä gesehn, so kennst du das Meer und die Fische.
Hier ist Venedig; du kennst nun auch den Pfuhl und den Frosch.

## 26

„Schläfst du noch immer?“ Nur still, und laß mich ruhen; erwach ich,
Nun, was soll ich denn hier? Breit ist das Bette, doch leer.
Überall ist Sardinien, wo man allein schläft, und Tibur,
Überall ist es, Freund, wo dich die Liebliche weckt.

## 27

Oft sind alle Neune gekommen, ich meine die Musen;
Doch ich achtet es nicht, hatte das Mädchen im Schoß.
Nun verließ ich mein Liebchen; mich haben die Musen verlassen,
Und ich schielte verwirrt, suchte nach Messer und Strick.
Aber der Himmel ist voll von Göttern; du kamst mir zu Hülfe,
Langeweile! du bist Mutter der Musen gegrüßt.

## 28

Welch ein Mädchen ich wünsche zu haben? Ihr fragt mich. Ich hab sie,
Wie ich sie wünsche, das heißt, dünkt mich, mit wenigem viel.
An dem Meere ging ich, und suchte mir Muscheln. In einer
Fand ich ein Perlchen; es bleibt nun mir am Herzen verwahrt.

## 29

Vieles hab ich versucht, gezeichnet, in Kupfer gestochen,
Öl gemalt, in Ton hab ich auch manches gedruckt,
Unbeständig jedoch, und nichts gelernt noch geleistet;
Nur ein einzig Talent bracht ich der Meisterschaft nah.
Deutsch zu schreiben. Und so verderb ich unglücklicher Dichter
In dem schlechtesten Stoff leider nun Leben und Kunst.

## 30

Schöne Kinder tragt ihr, und steht mit verdeckten Gesichtern,
Bettelt: das heißt mit Macht reden ans männliche Herz.
Jeder wünscht sich ein Knäbchen, wie ihr das dürftige zeiget,
Und ein Liebchen, wie mans unter dem Schleier sich denkt.

## 31

Das ist dein eigenes Kind nicht, worauf du bettelst, und rührst mich;
O wie rührt mich erst die, die mir mein eigenes bringt!

## 32

Warum leckst du dein Mäulchen, indem du mir eilig begegnest?
Wohl, dein Züngelchen sagt mir, wie gesprächig es sei.

## 33

Alle Künste lernt und treibt der Deutsche; zu jeder
Zeigt er ein schönes Talent, wenn er sie ernstlich ergreift.
Eine Kunst nur treibt er, und will sie nicht lernen, die Dichtkunst.
Darum pfuscht er auch so; Freunde, wir habens erlebt.

## 34a

Oft erklärtet ihr euch als Freunde des Dichters, ihr Götter!
Gebt ihm auch, was er bedarf! Mäßiges braucht er, doch viel:
Erstlich freundliche Wohnung, dann leidlich zu essen, zu trinken
Gut; der Deutsche versteht sich auf den Nektar, wie ihr.
Dann geziemende Kleidung und Freunde, vertraulich zu schwatzen;
Dann ein Liebchen des Nachts, das ihn von Herzen begehrt.

Diese fünf natürlichen Dinge verlang ich vor allem.
Gebet mir ferner dazu Sprachen, die alten und neu'n,
Daß ich der Völker Gewerb und ihre Geschichten vernehme;
Gebt mir ein reines Gefühl, was sie in Künsten getan.
Ansehn gebt mir im Volke, verschafft bei Mächtigen Einfluß,
Oder was sonst noch bequem unter den Menschen erscheint.
Gut – schon dank ich euch, Götter; ihr habt den glücklichsten Menschen
Ehstens fertig: denn ihr gönntet das meiste mir schon.

## 34b

Klein ist unter den Fürsten Germaniens freilich der meine;
Kurz und schmal ist sein Land, mäßig nur, was er vermag.
Aber so wende nach innen, so wende nach außen die Kräfte
Jeder, da wärs ein Fest, Deutscher mit Deutschen zu sein.
Doch was priesest du Ihn, den Taten und Werke verkünden?
Und bestochen erschien' deine Verehrung vielleicht;
Denn mir hat er gegeben, was Große selten gewähren,
Neigung, Muße, Vertraun, Felder und Garten und Haus.
Niemand braucht ich zu danken als Ihm, und manches bedurft ich,
Der ich mich auf den Erwerb schlecht, als ein Dichter, verstand.
Hat mich Europa gelobt, was hat mir Europa gegeben?
Nichts! Ich habe, wie schwer! meine Gedichte bezahlt.
Deutschland ahmte mich nach, und Frankreich mochte mich lesen.
England! freundlich empfingst du den zerrütteten Gast.
Doch was fördert es mich, daß auch sogar der Chinese
Malet, mit ängstlicher Hand, Werthern und Lotten auf Glas?
Niemals frug ein Kaiser nach mir, es hat sich kein König
Um mich bekümmert, und Er war mir August und Mäzen.

## 35

Eines Menschen Leben, was ists? Doch Tausende können
Reden über den Mann, was er und wie ers getan.
Weniger ist ein Gedicht; doch können es Tausend genießen,
Tausende tadeln. Mein Freund, lebe nur, dichte nur fort!

## 36

Müde war ich geworden, nur immer Gemälde zu sehen,
Herrliche Schätze der Kunst, wie sie Venedig bewahrt.
Denn auch dieser Genuß verlangt Erholung und Muße;
Nach lebendigem Reiz suchte mein schmachtender Blick.
Gauklerin! da ersah ich in dir zu den Bübchen das Urbild,
Wie sie Johannes Bellin reizend mit Flügeln gemalt,
Wie sie Paul Veronese mit Bechern dem Bräutigam sendet,
Dessen Gäste, getäuscht, Wasser genießen für Wein.

## 37

Wie, von der künstlichsten Hand geschnitzt, das liebe Figürchen,
Weich und ohne Gebein, wie die Molluska nur schwimmt!
Alles ist Glied, und alles Gelenk, und alles gefällig,
Alles nach Maßen gebaut, alles nach Willkür bewegt.
Menschen hab ich gekannt und Tiere, so Vögel als Fische,
Manches besondre Gewürm, Wunder der großen Natur;
Und doch staun ich dich an, Bettine, liebliches Wunder
Die du alles zugleich bist, und ein Engel dazu.

## 38

Kehre nicht, liebliches Kind, die Beinchen hinauf zu dem Himmel;
Jupiter sieht dich, der Schalk, und Ganymed ist besorgt.

### 39

Wende die Füßchen zum Himmel nur ohne Sorge! Wir strecken
Arme betend empor; aber nicht schuldlos wie du.

### 40

Seitwärts neigt sich dein Hälschen. Ist das ein Wunder? Es träget
Oft dich ganze; du bist leicht, nur dem Hälschen zu schwer.
Mir ist sie gar nicht zuwider, die schiefe Stellung des Köpfchens:
Unter schönerer Last beugte kein Nacken sich je.

### 41

So verwirret mit dumpf willkürlich verwebten Gestalten,
Höllisch und trübe gesinnt, Breughel den schwankenden Blick;
So zerrüttet auch Dürer mit apokalyptischen Bildern,
Menschen und Grillen zugleich, unser gesundes Gehirn;
So erreget ein Dichter, von Sphinxen, Sirenen, Zentauren
Singend, die Neugier mit Macht in dem verwunderten Ohr;
So beweget ein Traum den Sorglichen, wenn er zu greifen,
Vorwärts glaubet zu gehn, alles veränderlich schwebt:
So verwirrt uns Bettine, die holden Glieder verwechselnd;
Doch erfreut sie uns gleich, wenn sie die Sohlen betritt.

### 42

Gern überschreit ich die Grenze, mit breiter Kreide gezogen.
Macht sie Bottegha, das Kind, drängt sie mich artig zurück.

### 43

„Ach! mit diesen Seelen, was macht er? Jesus Maria!
Bündelchen Wäsche sind das, wie man zum Brunnen sie trägt.
Wahrlich, sie fällt! Ich halt es nicht aus! Komm, gehn wir! Wie zierlich!

Sieh nur, wie steht sie, wie leicht! Alles mit Lächeln und Lust!"
Altes Weib, du bewunderst mit Recht Bettinen! du scheinst mir
Jünger zu werden und schön, da dich mein Liebling erfreut.

### 44

Alles seh ich so gerne von dir; doch seh ich am liebsten,
Wenn der Vater behend über dich selber dich wirft,
Du dich im Schwung überschlägst und, nach dem tödlichen Sprunge,
Wieder stehest und läufst, eben ob nichts wär geschehn.

### 45

Schon entrunzelt sich jedes Gesicht; die Furchen der Mühe,
Sorgen und Armut fliehn, Glückliche glaubt man zu sehn.
Dir erweicht sich der Schiffer und klopft dir die Wange; der Säckel
Tut sich dir kärglich zwar, aber er tut sich doch auf,
Und der Bewohner Venedigs entfaltet den Mantel und reicht dir,
Eben als flehtest du laut bei den Mirakeln Antons,
Bei des Herrn fünf Wunden, dem Herzen der seligsten Jungfrau,
Bei der feurigen Qual, welche die Seelen durchfegt.
Jeder kleine Knabe, der Schiffer, der Höke, der Bettler
Drängt sich, und freut sich bei dir, daß er ein Kind ist wie du.

### 46

Dichten ist ein lustiges Handwerk; nur find ich es teuer:
Wie dies Büchlein mir wächst, gehn die Zechinen mir fort.

### 47

„Welch ein Wahnsinn ergriff dich Müßigen? Hältst du nicht inne?
Wird dies Mädchen ein Buch? Stimme was Klügeres an!"
Wartet, ich singe die Könige bald, die Großen der Erde,
Wenn ich ihr Handwerk einst besser begreife wie jetzt.

Doch Bettinen sing ich indes; denn Gaukler und Dichter
Sind gar nahe verwandt, suchen und finden sich gern.

### 48

Böcke, zur Linken mit euch! so ordnet künftig der Richter:
Und ihr Schäfchen, ihr sollt ruhig zur Rechten mir stehn!
Wohl! Doch eines ist noch von ihm zu hoffen; dann sagt er:
Seid, Vernünftige, mir grad gegenüber gestellt!

### 49

Wißt ihr, wie ich gewiß euch Epigramme zu Scharen
Fertige? Führet mich nur weit von der Liebsten hinweg!

### 50

Alle Freiheitsapostel, sie waren mir immer zuwider;
Willkür suchte doch nur jeder am Ende für sich.
Willst du viele befrein, so wag es, vielen zu dienen.
Wie gefährlich das sei, willst du es wissen? Versuchs!

### 51

Könige wollen das Gute, die Demagogen desgleichen,
Sagt man; doch irren sie sich: Menschen, ach, sind sie wie wir.
Nie gelingt es der Menge, für sich zu wollen, wir wissens;
Doch wer verstehet, für uns alle zu wollen, er zeigs!

### 52

Kreuzigen sollte man jeden Propheten im dreißigsten Jahre;
Kennt er nur einmal die Welt, wird der Betrogne der Schelm.

## 53

Frankreichs traurig Geschick, die Großen mögens bedenken;
Aber bedenken fürwahr sollen es Kleine noch mehr.
Große gingen zugrunde: doch wer beschützte die Menge
Gegen die Menge? Da war Menge der Menge Tyrann.

## 54

Tolle Zeiten hab ich erlebt, und hab nicht ermangelt,
Selbst auch töricht zu sein, wie es die Zeit mir gebot.

## 55

„Sage, tun wir nicht recht? Wir müssen den Pöbel betrügen.
Sieh nur, wie ungeschickt wild, sieh nur, wie dumm er sich zeigt!"
Ungeschickt scheint er und dumm, weil ihr ihn eben betrüget;
Seid nur redlich, und er, glaubt mir, ist menschlich und klug.

## 56

Fürsten prägen so oft auf kaum versilbertes Kupfer
Ihr bedeutendes Bild; lange betriegt sich das Volk.
Schwärmer prägen den Stempel des Geists auf Lügen und Unsinn;
Wem der Probierstein fehlt, hält sie für redliches Gold.

## 57

Jene Menschen sind toll, so sagt ihr von heftigen Sprechern,
Die wir in Frankreich laut hören auf Straßen und Markt.
Mir auch scheinen sie toll; doch redet ein Toller in Freiheit
Weise Sprüche, wenn ach! Weisheit im Sklaven verstummt.

## 58

Lange haben die Großen der Franzen Sprache gesprochen,
Halb nur geachtet den Mann, dem sie vom Munde nicht floß.
Nun lallt alles Volk entzückt die Sprache der Franken.
Zürnet, Mächtige, nicht! Was ihr verlangtet, geschieht.

## 59

„Epigramme, seid nicht so frech!“ Warum nicht? Wir sind nur
Überschriften; die Welt hat die Kapitel des Buchs.

## 60

Wie dem hohen Apostel ein Tuch voll Tiere gezeigt ward,
Rein und unrein, zeigt, Lieber, das Büchlein sich dir.

## 61

Ob ein Epigramm wohl gut sei? Kannst dus entscheiden?
Weiß man doch eben nicht stets, was er sich dachte, der Schalk.

## 62

Je gemeiner es ist, je näher dem Neide, der Mißgunst,
Desto eher begreifst du das Gedichtchen gewiß.

## 63

Chloe schwöret, sie liebt mich; ich glaubs nicht. Aber sie liebt dich!
Sagt mir ein Kenner. Schon gut; glaubt ichs, da wär es vorbei.

## 64

Niemand liebst du, und mich, Philarchos, liebst du so heftig.
Ist denn kein anderer Weg, mich zu bezwingen, als der?

## 65

Ists denn so großes Geheimnis, was Gott und der Mensch und die Welt sei?
Nein! Doch keiner mags gern hören; da bleibt es geheim.

## 66

Vieles kann ich ertragen. Die meisten beschwerlichen Dinge
Duld ich mit ruhigem Mut, wie es ein Gott mir gebeut.
Wenige sind mir jedoch wie Gift und Schlange zuwider,
Viere: Rauch des Tabaks, Wanzen und Knoblauch und †.

## 67

Lange schon hätt ich euch gern von jenen Tierchen gesprochen,
Die so zierlich und schnell fahren dahin und daher.
Schlängelchen scheinen sie gleich, doch viergefüßet; sie laufen,
Kriechen und schleichen, und leicht schleppen die Schwänzchen sie nach.
Seht, hier sind sie! und hier! Nun sind sie verschwunden! Wo sind sie?
Welche Ritze, welch Kraut nahm die entfliehenden auf?
Wollt ihr mirs künftig erlauben, so nenn ich die Tierchen Lazerten;
Denn ich brauche sie noch oft als gefälliges Bild.

## 68

Wer Lazerten gesehn, der kann sich die zierlichen Mädchen
Denken, die über den Platz fahren dahin und daher.
Schnell und beweglich sind sie, und gleiten, stehen und schwatzen,
Und es rauscht das Gewand hinter den eilenden drein.
Sieh, hier ist sie! und hier! Verlierst du sie einmal, so suchst du
Sie vergebens; so bald kommt sie nicht wieder hervor.

Wenn du aber die Winkel, die Gäßchen und Treppchen nicht scheuest,
Folg ihr, wie sie dich lockt, in die Spelunke hinein!

69

Was Spelunke nun sei, verlangt ihr zu wissen? Da wird ja
Fast zum Lexikon dies epigrammatische Buch.
Dunkele Häuser sinds in engen Gäßchen; zum Kaffee
Führt dich die Schöne, und sie zeigt sich geschäftig, nicht du.

70

Zwei der feinsten Lazerten, sie hielten sich immer zusammen,
Eine beinahe zu groß, eine beinahe zu klein.
Siehst du beide zusammen, so wird die Wahl dir unmöglich;
Jede besonders, sie schien einzig die schönste zu sein.

71

Heilige Leute, sagt man, sie wollten besonders dem Sünder
Und der Sünderin wohl. Gehts mir doch eben auch so.

72

Wär ich ein häusliches Weib, und hätte, was ich bedürfte,
Treu sein wollt ich und froh, herzen und küssen den Mann.
So sang, unter andern, gemeinen Liedern, ein Dirnchen
Mir in Venedig, und nie hört ich ein frömmer Gebet.

73

Wundern kann es mich nicht, daß Menschen die Hunde so lieben:
Denn ein erbärmlicher Schuft ist, wie der Mensch, so der Hund.

### 74

Frech wohl bin ich geworden; es ist kein Wunder. Ihr Götter
Wißt, und wißt nicht allein, daß ich auch fromm bin und treu.

### 75

„Hast du nicht gute Gesellschaft gesehn? Es zeigt uns dein Büchlein
Fast nur Gaukler und Volk, ja was noch niedriger ist."
Gute Gesellschaft hab ich gesehn, man nennt sie die gute,
Wenn sie zum kleinsten Gedicht keine Gelegenheit gibt.

### 76

Was mit mir das Schicksal gewollt? Es wäre verwegen,
Das zu fragen; denn meist will es mit vielen nicht viel.
Einen Dichter meint es zu bilden, es wär ihm gelungen,
Hätte die Sprache sich nicht unüberwindlich gezeigt.

### 77

Mit Botanik gibst du dich ab? mit Optik? Was tust du?
Ist es nicht schönrer Gewinn, rühren ein zärtliches Herz?
Ach, die zärtlichen Herzen! ein Pfuscher vermag sie zu rühren;
Sei es mein einziges Glück, dich zu berühren, Natur!

### 78

Weiß hat Newton gemacht aus allen Farben. Gar manches
Hat er euch weisgemacht, das ihr ein Säkulum glaubt.

### 79

„Alles erkläret sich wohl", so sagt mir ein Schüler, „aus jenen
Theorien, die uns weislich der Meister gelehrt."
Habt ihr einmal das Kreuz von Holze tüchtig gezimmert,
Paßt ein lebendiger Leib freilich zur Strafe daran.

## 80

Wenn auf beschwerlichen Reisen ein Jüngling zur Liebsten sich windet,
Hab er dies Büchlein; es ist reizend und tröstlich zugleich.
Und erwartet dereinst ein Mädchen den Liebsten, sie halte
Dieses Büchlein, und nur, kommt er, so werfe sies weg.

## 81

Gleich den Winken des Mädchens, des eilenden, welche verstohlen
Im Vorbeigehn nur freundlich mir streifet den Arm,
So vergönnt, ihr Musen, dem Reisenden kleine Gedichte:
O behaltet dem Freund größere Gunst noch bevor!

## 82

Wenn, in Dunst und Wolken verhüllt, die Sonne nur trübe
Stunden sendet, wie still wandeln die Pfade wir fort!
Drängt der Regen den Wandrer, wie ist uns des ländlichen Daches
Schirm willkommen! Wie sanft ruht sichs in stürmischer Nacht!
Aber die Göttin kehret zurück! Schnell scheuche die Nebel
Von der Stirne hinweg! Gleiche der Mutter Natur!

## 83

Willst du mit reinem Gefühl der Liebe Freuden genießen,
O so laß Frechheit und Ernst ferne vom Herzen dir sein.
Jene will Amorn verjagen, und dieser denkt ihn zu fesseln;
Beiden das Gegenteil lächelt der schelmische Gott.

## 84

Göttlicher Morpheus, umsonst bewegst du die lieblichen Mohne;
Bleibt das Auge doch wach, wenn mir es Amor nicht schließt.

## 85

Liebe flößest du ein, und Begier; ich fühl es, und brenne.
Liebenswürdige, nun flöße Vertrauen mir ein!

## 86

Ha! ich kenne dich, Amor, so gut als einer! Da bringst du
Deine Fackel, und sie leuchtet im Dunkel uns vor.
Aber du führest uns bald verworrene Pfade; wir brauchten
Deine Fackel erst recht, ach! und die falsche erlischt.

## 87

Eine einzige Nacht: an deinem Herzen! – Das andre
Gibt sich. Es trennet uns noch Amor in Nebel und Nacht.
Ja, ich erlebe den Morgen, an dem Aurora die Freunde
Busen an Busen belauscht, Phöbus, der frühe, sie weckt.

## 88

Ist es dir Ernst, so zaudre nun länger nicht, mache mich glücklich!
Wolltest du scherzen? Es sei, Liebchen, des Scherzes genug!

## 89

Daß ich schweige, verdrießt dich? Was soll ich reden? Du merkest
Auf der Seufzer, des Blicks leise Beredsamkeit nicht.
Eine Göttin vermag der Lippe Siegel zu lösen;
Nur Aurora, sie weckt einst dir am Busen mich auf.

Ja, dann töne mein Hymnus den frühen Göttern entgegen,
Wie das Memnonische Bild lieblich Geheimnisse sang.

**90**

Welch ein lustiges Spiel! Es windet am Faden die Scheibe,
Die von der Hand entfloh, eilig sich wieder herauf!
Seht, so schein ich mein Herz bald dieser Schönen, bald jener
Zuzuwerfen; doch gleich kehrt es im Fluge zurück.

**91**

O wie achtet ich sonst auf alle Zeiten des Jahres,
Grüßte den kommenden Lenz, sehnte dem Herbste mich nach!
Aber nun ist nicht Sommer noch Winter, seit mich Beglückten
Amors Fittich bedeckt, ewiger Frühling umschwebt.

**92**

Sage, wie lebst du? Ich lebe! und wären hundert und hundert
Jahre dem Menschen gegönnt, wünscht ich mir morgen wie heut.

**93**

Götter, wie soll ich euch danken! Ihr habt mir alles gegeben,
Was der Mensch sich erfleht; nur in der *Regel* fast nichts.

**94**

In der Dämmrung des Morgens den höchsten Gipfel erklimmen,
Frühe den Boten des Tags grüßen, dich, freundlichen Stern!
Ungeduldig die Blicke der Himmelsfürstin erwarten,
Wonne des Jünglings, wie oft locktest du nachts mich heraus!
Nun erscheint ihr mir, Boten des Tags, ihr himmlischen Augen
Meiner Geliebten, und stets kommt mir die Sonne zu früh.

## 95

Du erstaunest, und zeigst mir das Meer; es scheinet zu brennen.
Wie bewegt sich die Flut flammend ums nächtliche Schiff!
Mich verwundert es nicht, das Meer gebar Aphroditen,
Und entsprang nicht aus ihr uns eine Flamme, der Sohn?

## 96

Glänzen sah ich das Meer, und blinken die liebliche Welle,
Frisch mit günstigem Wind zogen die Segel dahin.
Keine Sehnsucht fühlte mein Herz; es wendete rückwärts,
Nach dem Schnee des Gebirgs, bald sich der schmachtende Blick.
Südwärts liegen der Schätze wie viel! Doch einer im Norden
Zieht, ein großer Magnet, unwiderstehlich zurück.

## 97

Ach! mein Mädchen verreist! Sie steigt zu Schiffe! – Mein König,
Äolus! mächtiger Fürst! halte die Stürme zurück!
Törichter! ruft mir der Gott, befürchte nicht wütende Stürme:
Fürchte den Hauch, wenn sanft Amor die Flügel bewegt!

## 98

Arm und kleiderlos war das Mädchen, als ichs geworben;
Damals gefiel sie mir nackt, wie sie mir jetzt noch gefällt.

## 99

Oftmals hab ich geirrt, und habe mich wieder gefunden,
Aber glücklicher nie; nun ist dies Mädchen mein Glück!
Ist auch dieses ein Irrtum, so schont mich, ihr klügeren Götter,
Und benehmt mir ihn erst drüben am kalten Gestad.

## 100

Traurig, Midas, war dein Geschick: in bebenden Händen
Fühltest du, hungriger Greis, schwere verwandelte Kost.
Lustiger geht mirs auf ähnliche Weise; denn was ich berühre,
Wird mir unter der Hand gleich ein behendes Gedicht.
Holde Musen, ich sträube mich nicht; nur daß ihr mein Liebchen,
Drück ich es fest an die Brust, nicht mir zum Märchen verkehrt.

## 101

Ach, mein Hals ist ein wenig geschwollen! so sagte die Beste
Ängstlich. – Stille, mein Kind! still! und vernehme das Wort:
Dich hat die Hand der Venus berührt; sie deutet dir leise,
Daß sie das Körperchen bald, ach! unaufhaltsam verstellt.
Bald verdirbt sie die schlanke Gestalt, die zierlichen Brüstchen;
Alles schwillt nun, es paßt nirgends das neuste Gewand.
Sei nur ruhig! es deutet die fallende Blüte dem Gärtner,
Daß die liebliche Frucht schwellend im Herbste gedeiht.

## 102

Wonniglich ists, die Geliebte verlangend im Arme zu halten,
Wenn ihr klopfendes Herz Liebe zuerst dir gesteht.
Wonniglicher, das Pochen des Neulebendigen fühlen,
Das in dem lieblichen Schoß immer sich nährend bewegt.
Schon versucht es die Sprünge der raschen Jugend; es klopfet
Ungeduldig schon an, sehnt sich nach himmlischem Licht.
Harre noch wenige Tage! Auf allen Pfaden des Lebens
Führen die Horen dich streng, wie es das Schicksal gebeut.
Widerfahre dir, was dir auch will, du wachsender Liebling –
Liebe bildete dich; werde dir Liebe zuteil!

**103**

Und so tändelt ich mir, von allen Freuden geschieden,
In der Neptunischen Stadt Tage wie Stunden hinweg.
Alles, was ich erfuhr, ich würzt es mit süßer Erinnrung,
Würzt es mit Hoffnung; sie sind lieblichste Würzen der Welt.

## Vier Jahreszeiten

*Alle viere, mehr und minder.*
*Necken wie die hübschen Kinder.*

*Frühling*

1

Auf, ihr Distichen, frisch! Ihr muntern lebendigen Knaben!
Reich ist Garten und Feld! Blumen zum Kranze herbei!

2

Reich ist an Blumen die Flur; doch einige sind nur dem Auge,
Andre dem Herzen nur schön; wähle dir, Leser, nun selbst!

3

Rosenknospe, du bist dem blühenden Mädchen gewidmet,
Die als die Herrlichste sich, als die Bescheidenste zeigt.

4

Viele Veilchen binde zusammen, das Sträußchen erscheinet
Erst als Blume; du bist, häusliches Mädchen, gemeint.

5

Eine kannt ich, sie war wie die Lilie schlank, und ihr Stolz war
Unschuld; herrlicher hat Salomo keine gesehn.

6

Schön erhebt sich der Aglei, und senkt das Köpfchen herunter.
Ist es Gefühl? oder ists Mutwill? Ihr ratet es nicht.

7

Viele duftende Glocken, o Hyazinthe, bewegst du;
Aber die Glocken ziehn, wie die Gerüche, nicht an.

8

Nachtviole, dich geht man am blendenden Tage vorüber;
Doch bei der Nachtigall Schlag hauchest du köstlichen Geist.

9

Tuberose, du ragest hervor und ergetzest im Freien;
Aber bleibe vom Haupt, bleibe vom Herzen mir fern!

10

Fern erblick ich den Mohn; er glüht. Doch komm ich dir näher,
Ach! so seh ich zu bald, daß du die Rose nur lügst.

11

Tulpen, ihr werdet gescholten von sentimentalischen Kennern;
Aber ein lustiger Sinn wünscht auch ein lustiges Blatt.

12

Nelken, wie find ich euch schön! Doch alle gleicht ihr einander,
Unterscheidet euch kaum, und ich entscheide mich nicht.

13

Prangt mit den Farben Aurorens, Ranunkeln, Tulpen und Astern!
Hier ist ein dunkles Blatt, das euch an Dufte beschämt.

14

Keine lockt mich, Ranunkeln, von euch, und keine begehr ich;
Aber im Beete vermischt sieht euch das Auge mit Lust.

15

Sagt! was füllet das Zimmer mit Wohlgerüchen? Reseda,
Farblos, ohne Gestalt, stilles, bescheidenes Kraut.

16

Zierde wärst du der Gärten; doch wo du erscheinest, da sagst du:
Ceres streute mich selbst aus mit der goldenen Saat.

17

Deine liebliche Kleinheit, dein holdes Auge, sie sagen
Immer: Vergiß mein nicht! immer: Vergiß nur nicht mein!

18

Schwänden dem inneren Auge die Bilder sämtlicher Blumen,
Eleonore, dein Bild brächte das Herz sich hervor.

## *Sommer*

19

Grausam handelt Amor mit mir! O spielet, ihr Musen,
Mit den Schmerzen, die er, spielend, im Busen erregt!

20

Manuskripte besitz ich, wie kein Gelehrter noch König;
Denn mein Liebchen, sie schreibt, was ich ihr dichtete, mir.

21

Wie im Winter die Saat nur langsam keimet, im Sommer
Lebhaft treibet und reift, so war die Neigung zu dir.

22

Immer war mir das Feld und der Wald, und der Fels und die Gärten
Nur ein Raum, und du machst sie, Geliebte, zum Ort.

23

Raum und Zeit, ich empfind es, sind bloße Formen des Anschauns,
Da das Eckchen mit dir, Liebchen, unendlich mir scheint.

24

Sorge! sie steiget mit dir zu Roß, sie steiget zu Schiffe;
Viel zudringlicher noch packet sich Amor uns auf.

25

Neigung besiegen ist schwer; gesellet sich aber Gewohnheit,
Wurzelnd, allmählich zu ihr, unüberwindlich ist sie.

26

Welche Schrift ich zwei-, ja dreimal hintereinander
Lese? Das herzliche Blatt, das die Geliebte mir schreibt.

27

Sie entzückt mich, und täuschet vielleicht. O Dichter und Sänger,
Mimen! lerntet ihr doch meiner Geliebten was ab!

28

Alle Freude des Dichters, ein gutes Gedicht zu erschaffen,
Fühle das liebliche Kind, das ihn begeisterte, mit.

29

Ein Epigramm sei zu kurz, mir etwas Herzlichs zu sagen?
Wie, mein Geliebter, ist nicht kürzer der herzliche Kuß?

30

Kennst du das herrliche Gift der unbefriedigten Liebe?
Es versengt und erquickt, zehret am Mark und erneuts.

31

Kennst du die herrliche Wirkung der endlich befriedigten Liebe?
Körper verbindet sie schön, wenn sie die Geister befreit.

32

Wahre Lieb ist die, die immer und immer sich gleichbleibt,
Wenn man ihr alles gewährt, wenn man ihr alles versagt.

33

Alles wünscht ich zu haben, um mit ihr alles zu teilen;
Alles gab ich dahin, war sie, die Einzige, mein.

34

Kränken ein liebendes Herz, und schweigen müssen: geschärfter
Können die Qualen nicht sein, die Rhadamanth sich ersinnt.

35

Warum bin ich vergänglich, o Zeus? so fragte die Schönheit.
Macht ich doch, sagte der Gott, nur das Vergängliche schön.

36

Und die Liebe, die Blumen, der Tau und die Jugend vernahmens;
Alle gingen sie weg, weinend, von Jupiters Thron.

37

Leben muß man und lieben; es endet Leben und Liebe.
Schnittest du, Parze, doch nur beiden die Fäden zugleich!

### *Herbst*

38

Früchte bringet das Leben dem Mann; doch hangen sie selten
Rot und lustig am Zweig, wie uns ein Apfel begrüßt.

39

Richtet den herrschenden Stab auf Leben und Handeln, und lasset
Amorn, dem lieblichen Gott, doch mit der Muse das Spiel!

40

Lehret! Es ziemet euch wohl, auch wir verehren die Sitte;
Aber die Muse läßt nicht sich gebieten von euch.

41

Nimm dem Prometheus die Fackel, o Muse, belebe die Menschen!
Nimm sie dem Amor, und rasch quäl und beglücke, wie er!

42

Alle Schöpfung ist Werk der Natur. Von Jupiters Throne
Zuckt der allmächtige Strahl, nährt und erschüttert die Welt.

43

Freunde, treibet nur alles mit Ernst und Liebe; die beiden
Stehen dem Deutschen so schön, den ach! so vieles entstellt.

44

Kinder werfen den Ball an die Wand und fangen ihn wieder;
Aber ich lobe das Spiel, wirft mir der Freund ihn zurück.

45

Immer strebe zum Ganzen, und kannst du selber kein Ganzes
Werden, als dienendes Glied schließ an ein Ganzes dich an.

46

Wärt ihr, Schwärmer, imstande, die Ideale zu fassen,
O! so verehrtet ihr auch, wie sichs gebührt, die Natur.

47

Wem zu glauben ist, redlicher Freund, das kann ich dir sagen:
Glaube dem Leben; es lehrt besser als Redner und Buch.

48

Alle Blüten müssen vergehn, daß Früchte beglücken;
Blüten und Frucht zugleich gebet ihr Musen allein.

49

Schädliche Wahrheit, ich ziehe sie vor dem nützlichen Irrtum.
Wahrheit heilet den Schmerz, den sie vielleicht uns erregt.

50

Schadet ein Irrtum wohl? Nicht immer! aber das Irren,
Immer schadets. Wie sehr, sieht man am Ende des Wegs.

51

Fremde Kinder lieben wir nie so sehr als die eignen;
Irrtum, das eigene Kind, ist uns dem Herzen so nah.

52

Irrtum verläßt uns nie; doch ziehet ein höher Bedürfnis
Immer den strebenden Geist leise zur Wahrheit hinan.

53

Keiner sei gleich dem andern; doch gleich sei jeder dem Höchsten.
Wie das zu machen? Es sei jeder vollendet in sich.

54

Warum will sich Geschmack und Genie so selten vereinen?
Jener fürchtet die Kraft, dieses verachtet den Zaum.

55

Fortzupflanzen die Welt, sind alle vernünftgen Diskurse
Unvermögend; durch sie kommt auch kein Kunstwerk hervor.

56

Welchen Leser ich wünsche? Den unbefangensten, der mich,
Sich und die Welt vergißt, und in dem Buche nur lebt.

57

Dieser ist mir der Freund, der mit mir Strebendem wandelt;
Lädt er zum Sitzen mich ein, stehl ich für heute mich weg.

58

Wie beklag ich es tief, daß diese herrliche Seele,
Wert, mit zum Zwecke zu gehn, mich nur als Mittel begreift!

59

Preise dem Kinde die Puppen, wofür es begierig die Groschen
Hinwirft, so bist du fürwahr Krämern und Kindern ein Gott.

60

Wie verfährt die Natur, um Hohes und Niedres im Menschen
Zu verbinden? Sie stellt Eitelkeit zwischen hinein.

61

Auf das empfindsame Volk hab ich nie was gehalten, es werden,
Kommt die Gelegenheit, nur schlechte Gesellen daraus.

62

Franztum drängt in diesen verworrenen Tagen, wie ehmals
Luthertum es getan, ruhige Bildung zurück.

63

Wo Parteien entstehn, hält jeder sich hüben und drüben;
Viele Jahre vergehn, eh sie die Mitte vereint.

64

Jene machen Partei; welch unerlaubtes Beginnen!
Aber unsre Partei, freilich, versteht sich von selbst.

65

Willst du frei sein, mein Sohn, so lerne was Rechtes, und halte
Dich genügsam, und sieh niemals nach oben hinauf!

66

Wer ist der edlere Mann in jedem Stande? Der immer,
Welchen Vorteil er hat, stets sich zum Gleichgewicht neigt.

67

Wißt ihr, wie auch der Kleine was ist? Er mache das Kleine
Recht; der Große begehrt just so das Große zu tun.

68

Was ist heilig? Das ists, was viele Seelen zusammen
Bindet; band es auch nur leicht, wie die Binse den Kranz.

69

Was ist das Heiligste? Das, was heut und ewig die Geister,
Tiefer und tiefer gefühlt, immer nur einiger macht.

70

Wer ist das würdigste Glied des Staats? Ein wackerer Bürger;
Unter jeglicher Form bleibt er der edelste Stoff.

71

Wer ist denn wirklich ein Fürst? Ich hab es immer gesehen:
Der nur ist wirklich Fürst, der es vermochte zu sein.

72

Fehlet die Einsicht oben, der gute Wille von unten,
Führt sogleich die Gewalt, oder sie endet den Streit.

73

Republiken hab ich gesehn, und das ist die beste,
Die dem regierenden Teil Lasten, nicht Vorteil gewährt.

74

Bald, kennt jeder den eigenen Vorteil und gönnet dem andern
Seinen Vorteil, so ist ewiger Friede gemacht.

75

Keiner bescheidet sich gern mit dem Teile, der ihm gebühret,
Und so habt ihr den Stoff immer und ewig zum Krieg.

76

Zweierlei Arten gibt es, die treffende Wahrheit zu sagen:
Öffentlich immer dem Volk, immer dem Fürsten geheim.

77

Wenn du laut den einzelnen schiltst, er wird sich verstocken,
Wie sich die Menge verstockt, wenn du im ganzen sie lobst.

78

Du bist König und Ritter und kannst befehlen und streiten;
Aber zu jedem Vertrag rufe den Kanzler herbei.

79

Klug und tätig und fest, bekannt mit allem, nach oben
Und nach unten gewandt, sei er Minister und bleibs.

80

Welchen Hofmann ich ehre? Den klarsten und feinsten! Das andre,
Was er noch sonst besitzt, kommt ihm als Menschen zugut.

81

Ob du der Klügste seist, daran ist wenig gelegen;
Aber der Biederste sei, so wie bei Rate, zu Haus.

82

Ob du wachst, das kümmert uns nicht, wofern du nur singest.
Singe, Wächter, dein Lied schlafend, wie mehrere tun.

83

Diesmal streust du, o Herbst, nur leichte, welkende Blätter;
Gib mir ein andermal schwellende Früchte dafür.

### *Winter*

84

Wasser ist Körper, und Boden der Fluß. Das neuste Theater
Tut in der Sonne Glanz zwischen den Ufern sich auf.

85

Wahrlich, es scheint nur ein Traum! Bedeutende Bilder des Lebens
Schweben, lieblich und ernst, über die Fläche dahin.

86

Eingefroren sahen wir so Jahrhunderte starren,
Menschengefühl und Vernunft schlich nur verborgen am Grund.

87

Nur die Fläche bestimmt die kreisenden Bahnen des Lebens;
Ist sie glatt, so vergißt jeder die nahe Gefahr.

88

Alle streben und eilen und suchen und fliehen einander;
Aber alle beschränkt freundlich die glättere Bahn.

89

Alles gleitet untereinander, die Schüler und Meister,
Und das gewöhnliche Volk, das in der Mitte sich hält.

90

Jeder zeigt hier, was er vermag; nicht Lob und nicht Tadel
Hielte diesen zurück, förderte jenen zum Ziel.

91

Euch, Präkonen des Pfuschers, des Meisters Verkleinerer, wünscht ich
Mit ohnmächtiger Wut stumm hier am Ufer zu sehn.

92

Lehrling, du schwankest und zauderst und scheuest die glättere Fläche.
Nur gelassen! du wirst einst noch die Freude der Bahn.

93

Willst du schon zierlich erscheinen, und bist nicht sicher? Vergebens!
Nur aus vollendeter Kraft blicket die Anmut hervor.

94

Fallen ist der Sterblichen Los. So fällt hier der Schüler,
Wie der Meister; doch stürzt dieser gefährlicher hin.

95

Stürzt der rüstigste Läufer der Bahn, so lacht man am Ufer,
Wie man bei Bier und Tabak über Besiegte sich hebt.

96

Gleite fröhlich dahin, gib Rat dem werdenden Schüler,
Freue des Meisters dich, und so genieße des Tags.

97

Siehe, schon nahet der Frühling; das strömende Wasser verzehret
Unten, der sanftere Blick oben der Sonne das Eis.

98

Dieses Geschlecht ist hinweg, zerstreut die bunte Gesellschaft;
Schiffern und Fischern gehört wieder die wallende Flut.

99

Schwimme, du mächtige Scholle, nur hin! und kommst du als Scholle
Nicht hinunter, du kommst doch wohl als Tropfen ins Meer.

# Kantaten

*Möge dies der Sänger loben!*
*Ihm zu Ehren wars gewoben.*

## Deutscher Parnass

Unter diesen
Lorbeerbüschen,
Auf den Wiesen,
An den frischen
Wasserfällen
Meines Lebens zu genießen,
Gab Apoll dem heitern Knaben;
Und so haben
Mich, im stillen,
Nach des Gottes hohem Willen
Hehre Musen auferzogen,
Aus den hellen
Silberquellen
Des Parnassus mich erquicket
Und das keusche, reine Siegel
Auf die Lippen mir gedrücket.

Und die Nachtigall umkreiset
Mich mit dem bescheidnen Flügel.
Hier in Büschen, dort auf Bäumen
Ruft sie die verwandte Menge,
Und die himmlischen Gesänge
Lehren mich von Liebe träumen.

Und im Herzen wächst die Fülle
Der gesellig edlen Triebe,
Nährt sich Freundschaft, keimet Liebe,
Und Apoll belebt die Stille
Seiner Täler, seiner Höhen.

Süße laue Lüfte wehen.
Alle, denen er gewogen,
Werden mächtig angezogen,
Und ein Edler folgt dem andern.

Dieser kommt mit munterm Wesen
Und mit offnem, heitrem Blicke;
Diesen seh ich ernster wandeln;
Und ein andrer, kaum genesen,
Ruft die alte Kraft zurücke;
Denn ihm drang durch Mark und Leben
Die verderblich holde Flamme,
Und was Amor ihm entwendet,
Kann Apoll nur wiedergeben:
Ruh und Lust und Harmonien
Und ein kräftig rein Bestreben.

Auf, ihr Brüder,
Ehrt die Lieder!
Sie sind gleich den guten Taten.
Wer kann besser als der Sänger
Dem verirrten Freunde raten?
Wirke gut, so wirkst du länger,
Als es Menschen sonst vermögen.

Ja! ich höre sie von weiten,
Ja! sie greifen in die Saiten,
Mit gewaltgen Götterschlägen
Rufen sie zu Recht und Pflichten
Und bewegen,
Wie sie singen, wie sie dichten,
Zum erhabensten Geschäfte,
Zu der Bildung aller Kräfte.

Auch die holden Phantasien
Blühen
Ringsumher auf allen Zweigen,

Die sich balde,
Wie im holden Zauberwalde,
Voller goldnen Früchte beugen.

Was wir fühlen, was wir schauen
In dem Land der höchsten Wonne,
Dieser Boden, diese Sonne
Locket auch die besten Frauen.
Und der Hauch der lieben Musen
Weckt des Mädchens zarten Busen,
Stimmt die Kehle zum Gesange,
Und mit schön gefärbter Wange,
Singet sie schon würdge Lieder,
Setzt sich zu den Schwestern nieder,
Und es singt die schöne Kette,
Zart und zarter, um die Wette.

Doch die eine
Geht alleine
Bei den Buchen,
Unter Linden,
Dort zu suchen,
Dort zu finden,
Was im stillen Morgenhaine
Amor schalkisch ihr entwendet,
Ihres Herzens holde Stille,
Ihres Busens erste Fülle.
Und sie träget in die grünen
Schattenwälder,
Was die Männer nicht verdienen,
Ihre lieblichen Gefühle;
Scheuet nicht des Tages Schwüle,
Achtet nicht des Abends Kühle
Und verliert sich in die Felder.
Stört sie nicht auf ihren Wegen!
Muse, geh ihr still entgegen!

Doch was hör ich? Welch ein Schall
Überbraust den Wasserfall?
Sauset heftig durch den Hain?
Welch ein Lärmen, welch ein Schrein
Ist es möglich, seh ich recht?
Ein verwegenes Geschlecht
Dringt ins Heiligtum herein.

Hier hervor
Strömt ein Chor!
Liebeswut,
Weinesglut
Rast im Blick,
Sträubt das Haar!
Und die Schar,
Mann und Weib –
Tigerfell
Schlägt umher –
Ohne Scheu
Zeigt den Leib.
Und Metall,
Rauher Schall,
Grellt ins Ohr.
Wer sie hört,
Wird gestört.
Hier hervor
Drängt das Chor;
Alles flieht,
Wer sie sieht.

Ach, die Büsche sind geknickt!
Ach, die Blumen sind erstickt
Von den Sohlen dieser Brut.
Wer begegnet ihrer Wut?

Brüder, laßt uns alles wagen!
Eure reine Wange glüht.

Phöbus hilft sie uns verjagen,
Wenn er unsre Schmerzen sieht;
Und uns Waffen
Zu verschaffen,
Schüttert er des Berges Wipfel,
Und vom Gipfel
Prasseln Steine
Durch die Haine.
Brüder, faßt sie mächtig auf!
Schloßenregen
Ströme dieser Brut entgegen
Und vertreib aus unsern milden,
Himmelreinen Lustgefilden
Diese Fremden, diese Wilden!

Doch was seh ich?
Ist es möglich?
Unerträglich
Fährt es mir durch alle Glieder,
Und die Hand
Sinket von dem Schwunge nieder.
Ist es möglich?
Keine Fremden!
Unsre Brüder
Zeigen ihnen selbst die Wege!
O die Frechen!
Wie sie mit den Klapperblechen
Selbst voraus im Takte ziehn!
Gute Brüder, laßt uns fliehn!

Doch ein Wort zu den Verwegnen!
Ja, ein Wort soll euch begegnen,
Kräftig wie ein Donnerschlag.
Worte sind des Dichters Waffen;
Will der Gott sich Recht verschaffen,
Folgen seine Pfeile nach.

War es möglich, eure hohe
Götterwürde
Zu vergessen! Ist der rohe,
Schwere Thyrsus keine Bürde
Für die Hand, auf zarten Saiten
Nur gewöhnet hinzugleiten?
Aus den klaren Wasserfällen,
Aus den zarten Rieselwellen
Tränket ihr
Gar Silens abscheulich Tier?
Dort entweiht es Aganippen
Mit den rohen, breiten Lippen,
Stampft mit ungeschickten Füßen,
Bis die Wellen trübe fließen.

O wie möcht ich gern mich täuschen!
Aber Schmerzen fühlt das Ohr;
Aus den keuschen,
Heilgen Schatten
Dringt verhaßter Ton hervor.
Wild Gelächter
Statt der Liebe süßem Wahn!
Weiberhasser und -verächter
Stimmen ein Triumphlied an.
Nachtigall und Turtel fliehen
Das so keusch erwärmte Nest,
Und in wütendem Erglühen
Hält der Faun die Nymphe fest.
Hier wird ein Gewand zerrissen,
Dem Genusse folgt der Spott,
Und zu ihren frechen Küssen
Leuchtet mit Verdruß der Gott.

Ja, ich sehe schon von weiten
Wolkenzug und Dunst und Rauch.
Nicht die Leier nur hat Saiten,
Saiten hat der Bogen auch.

Selbst den Busen des Verehrers
Schüttert das gewaltge Nahn,
Denn die Flamme des Verheerers
Kündet ihn von weiten an.

O vernehmt noch meine Stimme,
Meiner Liebe Bruderwort!
Fliehet vor des Gottes Grimme,
Eilt aus unsern Grenzen fort!
Daß sie wieder heilig werde,
Lenkt hinweg den wilden Zug!
Vielen Boden hat die Erde,
Und unheiligen genug.
Uns umleuchten reine Sterne,
Hier nur hat das Edle Wert.

Doch wenn ihr aus rauher Ferne
Wieder einst zu uns begehrt,
Wenn euch nichts so sehr beglücket,
Als was ihr bei uns erprobt,
Euch nicht mehr ein Spiel entzücket,
Das die Schranken übertobt:
Kommt als gute Pilger wieder,
Steiget froh den Berg heran,
Tiefgefühlte Reuelieder
Künden uns die Brüder an,
Und ein neuer Kranz umwindet
Eure Schläfe feierlich.
Wenn sich der Verirrte findet,
Freuen alle Götter sich.
Schneller noch als Lethes Fluten
Um der Toten stilles Haus
Löscht der Liebe Kelch den Guten
Jedes Fehls Erinnrung aus.
Alles eilet euch entgegen,
Und ihr kommt verklärt heran,

Und man fleht um euern Segen;
Ihr gehört uns doppelt an!

## Johanna Sebus

Zum Andenken der siebzehnjährigen Schönen Guten aus dem Dorfe Brienen, die am 13. Januar 1809, bei dem Eisgange des Rheins und dem großen Bruche des Dammes von Cleverham, Hilfe reichend unterging.

*Der Damm zerreißt, das Feld erbraust,*
*Die Fluten spülen, die Fläche saust.*

„Ich trage dich, Mutter, durch die Flut,
Noch reicht sie nicht hoch, ich wate gut." –
„Auch uns bedenke, bedrängt wie wir sind,
Die Hausgenossin, drei arme Kind!
Die schwache Frau! . . . Du gehst davon!" –
Sie trägt die Mutter durchs Wasser schon.
„Zum Bühle da rettet euch! harret derweil;
Gleich kehr ich zurück, uns allen ist Heil.
Zum Bühl ists noch trocken und wenige Schritt;
Doch nehmt auch mir meine Ziege mit!"

*Der Damm verschmilzt, das Feld erbraust,*
*Die Fluten wühlen, die Fläche saust.*

Sie setzt die Mutter auf sichres Land,
Schön Suschen, gleich wieder zur Flut gewandt.
„Wohin? Wohin? Die Breite schwoll,
Des Wassers ist hüben und drüben voll.
Verwegen ins Tiefe willst du hinein!" –
*„Sie sollen und müssen gerettet sein!."*

*Der Damm verschwindet, die Welle braust,*
*Eine Meereswoge, sie schwankt und saust.*

Schön Suschen schreitet gewohnten Steg,
Umströmt auch gleitet sie nicht vom Weg,
Erreicht den Bühl und die Nachbarin;
Doch der und den Kindern kein Gewinn!

*Der Damm verschwand, ein Meer erbrausts,*
*Den kleinen Hügel im Kreis umsausts.*

Da gähnet und wirbelt der schäumende Schlund
Und ziehet die Frau mit den Kindern zu Grund;
Das Horn der Ziege faßt das ein',
So sollten sie alle verloren sein!
Schön Suschen steht noch strack und gut:
Wer rettet das junge, das edelste Blut!
Schön Suschen steht noch wie ein Stern;
Doch alle Werber sind alle fern.
Rings um sie her ist Wasserbahn,
Kein Schifflein schwimmet zu ihr heran.
Noch einmal blickt sie zum Himmel hinauf,
Da nehmen die schmeichelnden Fluten sie auf.

*Kein Damm, kein Feld! Nur hier und dort*
*Bezeichnet ein Baum, ein Turm den Ort.*

Bedeckt ist alles mit Wasserschwall;
Doch Suschens Bild schwebt überall. –
Das Wasser sinkt, das Land erscheint
Und überall wird schön Suschen beweint. –
Und dem sei, wers nicht singt und sagt,
Im Leben und Tod nicht nachgefragt!

# Vermischte Gedichte

*Wie so bunt der Kram gewesen,*
*Musterkarte, gibs zu lesen!*

## Klaggesang

von der edlen Frauen des Asan Aga, aus dem Morlackischen

Was ist Weißes dort am grünen Walde?
Ist es Schnee wohl oder sind es Schwäne?
Wär es Schnee, er wäre weggeschmolzen;
Wärens Schwäne, wären weggeflogen.
Ist kein Schnee nicht, es sind keine Schwäne,
's ist der Glanz der Zelten Asan Aga.
Niederliegt er drin an seiner Wunde;
Ihn besucht die Mutter und die Schwester,
Schamhaft säumt sein Weib, zu ihm zu kommen.

Als nun seine Wunde linder wurde,
Ließ er seinem treuen Weibe sagen:
„Harre mein nicht mehr an meinem Hofe,
Nicht am Hofe und nicht bei den Meinen."

Als die Frau dies harte Wort vernommen,
Stand die Treue starr und voller Schmerzen,
Hört der Pferde Stampfen vor der Türe,
Und es deucht ihr, Asan kam, ihr Gatte,
Springt zum Turme, sich herab zu stürzen.
Ängstlich folgen ihr zwei liebe Töchter,
Rufen nach ihr, weinend bittre Tränen:
„Sind nicht unsers Vaters Asan Rosse,
Ist dein Bruder Pintorowich kommen!"

Und es kehret die Gemahlin Asans,
Schlingt die Arme jammernd um den Bruder:
„Sieh die Schmach, o Bruder, deiner Schwester
Mich verstoßen, Mutter dieser fünfe!“

Schweigt der Bruder, ziehet aus der Tasche,
Eingehüllet in hochrote Seide,
Ausgefertiget den Brief der Scheidung,
Daß sie kehre zu der Mutter Wohnung,
Frei sich einem andern zu ergeben.

Als die Frau den Trauer-Scheidbrief sahe,
Küßte sie der beiden Knaben Stirne,
Küßt' die Wangen ihrer beiden Mädchen.
Aber ach! vom Säugling in der Wiege
Kann sie sich im bittern Schmerz nicht reißen!

Reißt sie los der ungestüme Bruder,
Hebt sie auf das muntre Roß behende,
Und so eilt er mit der bangen Frauen
Grad nach seines Vaters hoher Wohnung.

Kurze Zeit wars, noch nicht sieben Tage;
Kurze Zeit gnug; von viel großen Herren
Unsre Frau in ihrer Witwen-Trauer,
Unsre Frau zum Weib begehret wurde.

Und der größte war Imoskis Kadi;
Und die Frau bat weinend ihren Bruder:
„Ich beschwöre dich bei deinem Leben,
Gib mich keinem andern mehr zur Frauen,
Daß das Wiedersehen meiner lieben
Armen Kinder mir das Herz nicht breche!“

Ihre Reden achtet nicht der Bruder,
Fest, Imoskis Kadi sie zu trauen.
Doch die Gute bittet ihn unendlich:

„Schicke wenigstens ein Blatt, o Bruder,
Mit den Worten zu Imoskis Kadi:
Dich begrüßt die junge Wittib freundlich,
Und läßt durch dies Blatt dich höchlich bitten,
Daß, wenn dich die Suaten herbegleiten,
Du mir einen langen Schleier bringest,
Daß ich mich vor Asans Haus verhülle,
Meine lieben Waisen nicht erblicke."

Kaum ersah der Kadi dieses Schreiben,
Als er seine Suaten alle sammelt,
Und zum Wege nach der Braut sich rüstet,
Mit den Schleier, den sie heischte, tragend.

Glücklich kamen sie zur Fürstin Hause,
Glücklich sie mit ihr vom Hause wieder.
Aber als sie Asans Wohnung nahten,
Sahn die Kinder oben ab die Mutter,
Riefen: „Komm zu deiner Halle wieder!
Iß das Abendbrot mit deinen Kindern!"
Traurig hört' es die Gemahlin Asans,
Kehrete sich zu der Suaten Fürsten:
„Laß doch, laß die Suaten und die Pferde
Halten wenig vor der Lieben Türe,
Daß ich meine Kleinen noch beschenke."

Und sie hielten vor der Lieben Türe,
Und den armen Kindern gab sie Gaben;
Gab den Knaben goldgestickte Stiefel,
Gab den Mädchen lange reiche Kleider,
Und dem Säugling, hülflos in der Wiege,
Gab sie für die Zukunft auch ein Röckchen.

Das beiseit sah Vater Asan Aga,
Rief gar traurig seinen lieben Kindern:
„Kehrt zu mir, ihr lieben armen Kleinen;

Eurer Mutter Brust ist Eisen worden,
Fest verschlossen, kann nicht Mitleid fühlen."

Wie das hörte die Gemahlin Asans,
Stürzt' sie bleich den Boden schütternd nieder.
Und die Seel entfloh dem bangen Busen,
Als sie ihre Kinder vor sich fliehn sah.

## Meine Göttin

Welcher Unsterblichen
Soll der höchste Preis sein?
Mit niemand streit ich,
Aber ich geb ihn
Der ewig beweglichen,
Immer neuen,
Seltsamen Tochter Jovis,
Seinem Schoßkinde,
Der Phantasie.

Denn ihr hat er
Alle Launen,
Die er sonst nur allein
Sich vorbehält,
Zugestanden
Und hat seine Freude
An der Törin.

Sie mag rosenbekränzt
Mit dem Lilienstengel
Blumentäler betreten,
Sommervögeln gebieten
Und leichtnährenden Tau
Mit Bienenlippen
Von Blüten saugen;

Oder sie mag
Mit fliegendem Haar
Und düsterm Blicke
Im Winde sausen
Um Felsenwände,
Und tausendfarbig,
Wie Morgen und Abend
Immer wechselnd,
Wie Mondesblicke,
Den Sterblichen scheinen.

Laßt uns alle
Den Vater preisen!
Den alten, hohen,
Der solch eine schöne,
Unverwelkliche Gattin
Dem sterblichen Menschen
Gesellen mögen!

Denn uns allein
Hat er sie verbunden
Mit Himmelsband,
Und ihr geboten,
In Freud und Elend
Als treue Gattin
Nicht zu entweichen.

Alle die andern
Armen Geschlechter
Der kinderreichen,
Lebendigen Erde
Wandeln und weiden
In dunkelm Genuß
Und trüben Schmerzen
Des augenblicklichen
Beschränkten Lebens,

Gebeugt vom Joche
Der Notdurft.

Uns aber hat er
Seine gewandteste,
Verzärtelte Tochter,
Freut euch! gegönnt.
Begegnet ihr lieblich,
Wie einer Geliebten!
Laßt ihr die Würde
Der Frauen im Haus!

Und daß die alte
Schwiegermutter Weisheit
Das zarte Seelchen
Ja nicht beleidge!

Doch kenn ich ihre Schwester,
Die ältere, gesetztere,
Meine stille Freundin:
O daß die erst
Mit dem Lichte des Lebens
Sich von mir wende,
Die edle Treiberin,
Trösterin Hoffnung!

## Wandrers Sturmlied

Wen du nicht verlässest, Genius,
Nicht der Regen, nicht der Sturm
Haucht ihm Schauer übers Herz.
Wen du nicht verlässest, Genius,
Wird dem Regengewölk,
Wird dem Schloßensturm
Entgegensingen,

Wie die Lerche,
Du da droben.

Den du nicht verlässest, Genius,
Wirst ihn heben übern Schlammpfad
Mit den Feuerflügeln.
Wandeln wird er
Wie mit Blumenfüßen
Über Deukalions Flutschlamm,
Python tötend, leicht, groß,
Pythius Apollo.

Den du nicht verlässest, Genius,
Wirst die wollnen Flügel unterspreiten,
Wenn er auf dem Felsen schläft,
Wirst mit Hüterfittichen ihn decken
In des Haines Mitternacht.

Wen du nicht verlässest, Genius,
Wirst im Schneegestöber
Wärmumhüllen;
Nach der Wärme ziehn sich Musen,
Nach der Wärme Charitinnen.

Umschwebet mich, ihr Musen,
Ihr Charitinnen!
Das ist Wasser, das ist Erde,
Und der Sohn des Wassers und der Erde,
Über den ich wandle
Göttergleich.

Ihr seid rein, wie das Herz der Wasser,
Ihr seid rein, wie das Mark der Erde,
Ihr umschwebt mich, und ich schwebe
Über Wasser, über Erde,
Göttergleich.

*

Soll der zurückkehren,
Der kleine, schwarze, feurige Bauer?
Soll der zurückkehren, erwartend
Nur deine Gaben, Vater Bromius,
Und helleuchtend umwärmend Feuer?
Der kehren mutig?
Und ich, den ihr begleitet,
Musen und Charitinnen alle,
Den alles erwartet, was ihr,
Musen und Charitinnen,
Umkränzende Seligkeit,
Rings ums Leben verherrlicht habt,
Soll mutlos kehren?

Vater Bromius!
Du bist Genius,
Jahrhunderts Genius,
Bist, was innre Glut
Pindarn war,
Was der Welt
Phöbus Apoll ist.

Weh! Weh! Innre Wärme,
Seelenwärme,
Mittelpunkt!
Glüh entgegen
Phöb Apollen;
Kalt wird sonst
Sein Fürstenblick
Über dich vorübergleiten,
Neidgetroffen
Auf der Zeder Kraft verweilen,
Die zu grünen
Sein nicht harrt.

*

Warum nennt mein Lied dich zuletzt
Dich, von dem es begann,
Dich, in dem es endet,
Dich, aus dem es quillt,
Jupiter Pluvius!

Dich, dich strömt mein Lied,
Und kastalischer Quell
Rinnt ein Nebenbach,
Rinnet Müßigen,
Sterblich Glücklichen
Abseits von dir,
Der du mich fassend deckst,
Jupiter Pluvius!

Nicht am Ulmenbaum
Hast du ihn besucht,
Mit dem Taubenpaar
In dem zärtlichen Arm,
Mit der freundlichen Ros umkränzt,
Tändelnden ihn, blumenglücklichen
Anakreon,
Sturmatmende Gottheit!

Nicht im Pappelwald
An des Sybaris Strand,
An des Gebirgs
Sonnebeglänzter Stirn nicht
Faßtest du ihn,
Den Blumen-singenden,
Honig-lallenden,
Freundlich winkenden
Theokrit.

Wenn die Räder rasselten,
Rad an Rad rasch ums Ziel weg,
Hoch flog
Siegdurchglühter
Jünglinge Peitschenknall,
Und sich Staub wälzt',
Wie vom Gebirg herab
Kieselwetter ins Tal,
Glühte deine Seel Gefahren, Pindar,
Mut. – Glühte? –

Armes Herz!
Dort auf dem Hügel,
Himmlische Macht!
Nur so viel Glut,
Dort meine Hütte,
Dorthin zu waten!

## Adler und Taube

Ein Adlers Jüngling hob die Flügel
Nach Raub aus;
Ihn traf des Jägers Pfeil und schnitt
Der rechten Schwinge Sennkraft ab.
Er stürzt' hinab in einen Myrtenhain,
Fraß seinen Schmerz drei Tage lang,
Und zuckt' an Qual
Drei lange, lange Nächte lang;
Zuletzt heilt' ihn
Allgegenwärtger Balsam
Allheilender Natur.

Er schleicht aus dem Gebüsch hervor
Und reckt die Flügel – ach!
Die Schwingkraft weggeschnitten –
Hebt sich mühsam kaum

Am Boden weg
Unwürdgem Raubbedürfnis nach,
Und ruht tieftrauernd
Auf dem niedern Fels am Bach;
Er blickt zur Eich hinauf,
Hinauf zum Himmel,
Und eine Träne füllt sein hohes Aug.

Da kommt mutwillig durch die Myrtenäste
Dahergerauscht ein Taubenpaar,
Läßt sich herab und wandelt nickend
Über goldnen Sand am Bach,
Und rukt einander an;
Ihr rötlich Auge buhlt umher,
Erblickt den Innigtrauernden.
Der Tauber schwingt neugiergesellig sich
Zum nahen Busch und blickt
Mit Selbstgefälligkeit ihn freundlich an.
Du trauerst, liebelt er;
Sei gutes Mutes, Freund!
Hast du zur ruhigen Glückseligkeit
Nicht alles hier?
Kannst du dich nicht des goldnen Zweiges freun,
Der vor des Tages Glut dich schützt?
Kannst du der Abendsonne Schein
Auf weichem Moos am Bache nicht
Die Brust entgegenheben?
Du wandelst durch der Blumen frischen Tau,
Pflückst aus dem Überfluß
Des Waldgebüsches dir
Gelegne Speise, letzest
Den leichten Durst am Silberquell –
O Freund, das wahre Glück
Ist die Genügsamkeit,
Und die Genügsamkeit
Hat überall genug.
O Weise! sprach der Adler, und tief ernst

Versinkt er tiefer in sich selbst,
O Weisheit! Du redst wie eine Taube!

## Ganymed

Wie im Morgenglanze
Du rings mich anglühst,
Frühling, Geliebter!
Mit tausendfacher Liebeswonne
Sich an mein Herz drängt
Deiner ewigen Wärme
Heilig Gefühl.
Unendliche Schöne!

Daß ich dich fassen möcht
In diesen Arm!

Ach, an deinem Busen
Lieg ich, schmachte,
Und deine Blumen, dein Gras
Drängen sich an mein Herz.
Du kühlst den brennenden
Durst meines Busens,
Lieblicher Morgenwind!
Ruft drein die Nachtigall
Liebend nach mir aus dem Nebeltal.

Ich komm, ich komme!
Wohin? Ach, wohin?

Hinauf! Hinauf strebts.
Es schweben die Wolken
Abwärts, die Wolken
Neigen sich der sehnenden Liebe.
Mir! Mir!
In euerm Schoße

Aufwärts!
Umfangend umfangen!
Aufwärts an deinen Busen,
Alliebender Vater!

## Das Göttliche

Edel sei der Mensch,
Hilfreich und gut!
Denn das allein
Unterscheidet ihn
Von allen Wesen,
Die wir kennen.

Heil den unbekannten
Höhern Wesen,
Die wir ahnen!
Ihnen gleiche der Mensch;
Sein Beispiel lehr uns
Jene glauben.

Denn unfühlend
Ist die Natur:
Es leuchtet die Sonne
Über Bös' und Gute,
Und dem Verbrecher
Glänzen wie dem Besten
Der Mond und die Sterne.

Wind und Ströme,
Donner und Hagel
Rauschen ihren Weg
Und ergreifen
Vorüber eilend
Einen um den andern.

Auch so das Glück
Tappt unter die Menge,
Faßt bald des Knaben
Lockige Unschuld,
Bald auch den kahlen
Schuldigen Scheitel.

Nach ewigen, ehrnen,
Großen Gesetzen
Müssen wir alle
Unseres Daseins
Kreise vollenden.

Nur allein der Mensch
Vermag das Unmögliche:
Er unterscheidet,
Wählet und richtet;
Er kann dem Augenblick
Dauer verleihen.

Er allein darf
Den Guten lohnen,
Den Bösen strafen,
Heilen und retten,
Alles Irrende, Schweifende
Nützlich verbinden.

Und wir verehren
Die Unsterblichen,
Als wären sie Menschen,
Täten im Großen,
Was der Beste im Kleinen
Tut oder möchte.

Der edle Mensch
Sei hilfreich und gut!
Unermüdet schaff er

Das Nützliche, Rechte,
Sei uns ein Vorbild
Jener geahneten Wesen!

## Menschengefühl

Ach, ihr Götter! große Götter
In dem weiten Himmel droben!
Gäbet ihr uns auf der Erde
Festen Sinn und guten Mut,
O wir ließen euch, ihr Guten,
Euren weiten Himmel droben!

## Liebebedürfnis

Wer vernimmt mich? ach, wem soll ichs klagen?
Wers vernähme, würd er mich bedauern?
Ach, die Lippe, die so manche Freude
Sonst genossen hat und sonst gegeben,
Ist gespalten, und sie schmerzt erbärmlich.
Und sie ist nicht etwa wund geworden,
Weil die Liebste mich zu wild ergriffen,
Hold mich angebissen, daß sie fester
Sich des Freunds versichernd ihn genösse:
Nein, das zarte Lippchen ist gesprungen,
Weil nun über Reif und Frost die Winde
Spitz und scharf und lieblos mir begegnen.

Und nun soll mir Saft der edlen Traube,
Mit dem Saft der Bienen bei dem Feuer
Meines Herds vereinigt, Lindrung schaffen.
Ach, was will das helfen, mischt die Liebe
Nicht ein Tröpfchen ihres Balsams drunter?

## Die Musageten

Oft in tiefen Winternächten
Rief ich an die holden Musen:
Keine Morgenröte leuchtet,
Und es will kein Tag erscheinen;
Aber bringt zur rechten Stunde
Mir der Lampe fromm Geleuchte,
Daß es, statt Auror und Phöbus,
Meinen stillen Fleiß belebe!
Doch sie ließen mich im Schlafe,
Dumpf und unerquicklich, liegen,
Und nach jedem späten Morgen
Folgten ungenutzte Tage.

Da sich nun der Frühling regte,
Sagt ich zu den Nachtigallen:
Liebe Nachtigallen, schlaget
Früh, o früh! vor meinem Fenster,
Weckt mich aus dem vollen Schlafe,
Der den Jüngling mächtig fesselt.
Doch die lieberfüllten Sänger
Dehnten nachts vor meinem Fenster
Ihre süßen Melodien,
Hielten wach die liebe Seele,
Regten zartes neues Sehnen
Aus dem neugerührten Busen.
Und so ging die Nacht vorüber,
Und Aurora fand mich schlafen,
Ja, mich weckte kaum die Sonne.

Endlich ist es Sommer worden,
Und beim ersten Morgenschimmer
Reizt mich aus dem holden Schlummer
Die geschäftig frühe Fliege.
Unbarmherzig kehrt sie wieder,
Wenn auch oft der halb Erwachte

Ungeduldig sie verscheuchet,
Lockt die unverschämten Schwestern,
Und von meinen Augenlidern
Muß der holde Schlaf entweichen.
Rüstig spring ich von dem Lager,
Suche die geliebten Musen,
Finde sie im Buchenhaine,
Mich gefällig zu empfangen,
Und den leidigen Insekten
Dank ich manche goldne Stunde.
Seid mir doch, ihr Unbequemen,
Von dem Dichter hochgepriesen
Als die wahren Musageten.

## Der Besuch

Meine Liebste wollt ich heut beschleichen,
Aber ihre Türe war verschlossen.
Hab ich doch den Schlüssel in der Tasche!
Öffn ich leise die geliebte Türe!

Auf dem Saale fand ich nicht das Mädchen,
Fand das Mädchen nicht in ihrer Stube;
Endlich, da ich leis die Kammer öffne,
Find ich sie gar zierlich eingeschlafen,
Angekleidet, auf dem Sofa liegen.

Bei der Arbeit war sie eingeschlafen:
Das Gestrickte mit den Nadeln ruhte
Zwischen den gefaltnen zarten Händen;
Und ich setzte mich an ihre Seite,
Ging bei mir zu Rat, ob ich sie weckte.

Da betrachtet ich den schönen Frieden,
Der auf ihren Augenlidern ruhte:
Auf den Lippen war die stille Treue,

Auf den Wangen Lieblichkeit zu Hause,
Und die Unschuld eines guten Herzens
Regte sich im Busen hin und wieder.
Jedes ihrer Glieder lag gefällig,
Aufgelöst vom süßen Götterbalsam.

Freudig saß ich da, und die Betrachtung
Hielte die Begierde, sie zu wecken,
Mit geheimen Banden fest und fester.

O du Liebe, dacht ich, kann der Schlummer,
Der Verräter jedes falschen Zuges,
Kann er dir nicht schaden, nichts entdecken,
Was des Freundes zarte Meinung störte?

Deine holden Augen sind geschlossen,
Die mich offen schon allein bezaubern;
Es bewegen deine süßen Lippen
Weder sich zur Rede noch zum Kusse;
Aufgelöst sind diese Zauberbande
Deiner Arme, die mich sonst umschlingen,
Und die Hand, die reizende Gefährtin
Süßer Schmeicheleien, unbeweglich.
Wärs ein Irrtum, wie ich von dir denke,
Wär es Selbstbetrug, wie ich dich liebe,
Müßt ichs jetzt entdecken, da sich Amor
Ohne Binde neben mich gestellet.

Lange saß ich so und freute herzlich
Ihres Wertes mich und meiner Liebe;
Schlafend hatte sie mir so gefallen,
Daß ich mich nicht traute, sie zu wecken.

Leise leg ich ihr zwei Pomeranzen
Und zwei Rosen auf das Tischchen nieder;
Sachte, sachte schleich ich meiner Wege.

Öffnet sie die Augen, meine Gute,
Gleich erblickt sie diese bunte Gabe,
Staunt, wie immer bei verschloßnen Türen
Dieses freundliche Geschenk sich finde.

Seh ich diese Nacht den Engel wieder,
O wie freut sie sich, vergilt mir doppelt
Dieses Opfer meiner zarten Liebe.

## Der Becher

Einen wohlgeschnitzten vollen Becher
Hielt ich drückend in den beiden Händen,
Sog begierig süßen Wein vom Rande,
Gram und Sorg auf einmal zu vertrinken.

Amor trat herein und fand mich sitzen,
Und er lächelte bescheidenweise,
Als den Unverständigen bedauernd:

„Freund, ich kenn ein schöneres Gefäße,
Wert, die ganze Seele drein zu senken;
Was gelobst du, wenn ich dir es gönne,
Es mit anderm Nektar dir erfülle?"

O wie freundlich hat er Wort gehalten!
Da er, Lida, dich mit sanfter Neigung
Mir, dem lange Sehnenden, geeignet.

Wenn ich deinen lieben Leib umfasse
Und von deinen einzig treuen Lippen
Langbewahrter Liebe Balsam koste,
Selig Sprech ich dann zu meinem Geiste:

Nein, ein solch Gefäß hat, außer Amorn,
Nie ein Gott gebildet noch besessen!

Solche Formen treibet nicht Vulkanus
Mit den sinnbegabten, feinen Hämmern!
Auf belaubten Hügeln mag Lyäus
Durch die ältsten, klügsten seiner Faunen
Ausgesuchte Trauben keltern lassen,
Selbst geheimnisvoller Gärung vorstehn:
Solchen Trank verschafft ihm keine Sorgfalt!

## Aus Wilhelm Meister

*Auch vernehmet im Gedränge*
*Jener Genien Gesänge.*

### Mignon

Heiß mich nicht reden, heiß mich schweigen,
Denn mein Geheimnis ist mir Pflicht;
Ich möchte dir mein ganzes Innre zeigen,
Allein das Schicksal will es nicht.

Zur rechten Zeit vertreibt der Sonne Lauf
Die finstre Nacht, und sie muß sich erhellen;
Der harte Fels schließt seinen Busen auf,
Mißgönnt der Erde nicht die tiefverborgnen Quellen.

Ein jeder sucht im Arm des Freundes Ruh,
Dort kann die Brust in Klagen sich ergießen;
Allein ein Schwur drückt mir die Lippen zu,
Und nur ein Gott vermag sie aufzuschließen.

*

NUR wer die Sehnsucht kennt,
Weiß, was ich leide!
Allein und abgetrennt

Von aller Freude,
Seh ich ans Firmament
Nach jener Seite.
Ach! der mich liebt und kennt,
Ist in der Weite.
Es schwindelt mir, es brennt
Mein Eingeweide.
Nur wer die Sehnsucht kennt,
Weiß, was ich leide!

*

So lasst mich scheinen, bis ich werde;
Zieht mir das weiße Kleid nicht aus!
Ich eile von der schönen Erde
Hinab in jenes feste Haus.

Dort ruh ich eine kleine Stille,
Dann öffnet sich der frische Blick,
Ich lasse dann die reine Hülle,
Den Gürtel und den Kranz zurück.

Und jene himmlischen Gestalten,
Sie fragen nicht nach Mann und Weib,
Und keine Kleider, keine Falten
Umgeben den verklärten Leib.

Zwar lebt ich ohne Sorg und Mühe,
Doch fühlt ich tiefen Schmerz genung.
Vor Kummer altert ich zu frühe –
Macht mich auf ewig wieder jung!

# Antiker Form sich nähernd

*Stehn uns diese weiten Fallen*
*Zu Gesichte, wie den Alten?*

### Herzog Leopold von Braunschweig

Dich ergriff mit Gewalt der alte Herrscher des Flusses,
Hält dich und teilet mit dir ewig sein strömendes Reich.
Ruhig schlummerst du nun beim stilleren Rauschen der Urne,
Bis dich stürmende Flut wieder zu Taten erweckt.
Hilfreich werde dem Volke! so wie du ein Sterblicher wolltest,
Und vollend als ein Gott, was dir als Menschen mißlang.

# An Personen

*Vieles reicht ich meinen Lieben;*
*Weniges ist mir geblieben.*

### Ilmenau

am 3. September 1783

Anmutig Tal! du immergrüner Hain!
Mein Herz begrüßt euch wieder auf das beste;
Entfaltet mir die schwerbehangnen Äste,
Nehmt freundlich mich in eure Schatten ein,
Erquickt von euren Höhn, am Tag der Lieb und Lust,
Mit frischer Luft und Balsam meine Brust!

Wie kehrt ich oft mit wechselndem Geschicke,
Erhabner Berg! an deinen Fuß zurücke.
O laß mich heut an deinen sachten Höhn
Ein jugendlich, ein neues Eden sehn!
Ich hab es wohl auch mit um euch verdienet:
Ich sorge still, indes ihr ruhig grünet.

Laßt mich vergessen, daß auch hier die Welt
So manch Geschöpf in Erdefesseln hält,
Der Landmann leichtem Sand den Samen anvertraut
Und seinen Kohl dem frechen Wilde baut,
Der Knappe karges Brot in Klüften sucht,
Der Köhler zittert, wenn der Jäger flucht.
Verjüngt euch mir, wie ihr es oft getan,
Als fing' ich heut ein neues Leben an.

Ihr seid mir hold, ihr gönnt mir diese Träume,
Sie schmeicheln mir und locken alte Reime.
Mir wieder selbst, von allen Menschen fern,
Wie bad ich mich in euren Düften gern!
Melodisch rauscht die hohe Tanne wieder,
Melodisch eilt der Wasserfall hernieder;
Die Wolke sinkt, der Nebel drückt ins Tal,
Und es ist Nacht und Dämmrung auf einmal.

Im finstern Wald, beim Liebesblick der Sterne,
Wo ist mein Pfad, den sorglos ich verlor?
Welch seltne Stimmen hör ich in der Ferne?
Sie schallen wechselnd an dem Fels empor.
Ich eile sacht, zu sehn, was es bedeutet,
Wie von des Hirsches Ruf der Jäger still geleitet.

Wo bin ich? ists ein Zaubermärchen-Land?
Welch nächtliches Gelag am Fuß der Felsenwand?
Bei kleinen Hütten, dicht mit Reis bedecket,
Seh ich sie froh ans Feuer hingestrecket.
Es dringt der Glanz hoch durch den Fichten-Saal,

Am niedern Herde kocht ein rohes Mahl;
Sie scherzen laut, indessen, bald geleeret,
Die Flasche frisch im Kreise wiederkehret.

Sagt, wem vergleich ich diese muntre Schar?
Von wannen kommt sie? um wohin zu ziehen?
Wie ist an ihr doch alles wunderbar!
Soll ich sie grüßen? soll ich vor ihr fliehen?
Ist es der Jäger wildes Geisterheer?
Sinds Gnomen, die hier Zauberkünste treiben?
Ich seh im Busch der kleinen Feuer mehr;
Es schaudert mich, ich wage kaum zu bleiben.
Ists der Ägyptier verdächtiger Aufenthalt?
Ist es ein flüchtiger Fürst wie im Ardenner-Wald?
Soll ich Verirrter hier in den verschlungnen Gründen
Die Geister Shakespeares gar verkörpert finden?
Ja, der Gedanke führt mich eben recht:
Sie sind es selbst, wo nicht ein gleich Geschlecht!
Unbändig schwelgt ein Geist in ihrer Mitten,
Und durch die Roheit fühl ich edle Sitten.

Wie nennt ihr ihn? Wer ists, der dort gebückt
Nachlässig stark die breiten Schultern drückt?
Er sitzt zunächst gelassen an der Flamme,
Die markige Gestalt aus altem Heldenstamme.
Er saugt begierig am geliebten Rohr,
Es steigt der Dampf an seiner Stirn empor.
Gutmütig trocken weiß er Freud und Lachen
Im ganzen Zirkel laut zu machen,
Wenn er mit ernstlichem Gesicht
Barbarisch bunt in fremder Mundart spricht.

Wer ist der andre, der sich nieder
An einen Sturz des alten Baumes lehnt
Und seine langen, feingestalten Glieder
Ekstatisch faul nach allen Seiten dehnt
Und, ohne daß die Zecher auf ihn hören,

Mit Geistesflug sich in die Höhe schwingt
Und von dem Tanz der himmelhohen Sphären
Ein monotones Lied mit großer Inbrunst singt?

Doch scheinet allen etwas zu gebrechen.
Ich höre sie auf einmal leise sprechen,
Des Jünglings Ruhe nicht zu unterbrechen,
Der dort am Ende, wo das Tal sich schließt,
In einer Hütte, leicht gezimmert,
Vor der ein letzter Blick des kleinen Feuers schimmert,
Vom Wasserfall umrauscht, des milden Schlafs genießt.
Mich treibt das Herz, nach jener Kluft zu wandern,
Ich schleiche still und scheide von den andern.

Sei mir gegrüßt, der hier in später Nacht
Gedankenvoll an dieser Schwelle wacht!
Was sitzest du entfernt von jenen Freuden?
Du scheinst mir auf was Wichtiges bedacht.
Was ists, daß du in Sinnen dich verlierest,
Und nicht einmal dein kleines Feuer schürest?

„O frage nicht! denn ich bin nicht bereit,
Des Fremden Neugier leicht zu stillen;
Sogar verbitt ich deinen guten Willen:
Hier ist zu schweigen und zu leiden Zeit.
Ich bin dir nicht imstande selbst zu sagen,
Woher ich sei, wer mich hierher gesandt;
Von fremden Zonen bin ich her verschlagen
Und durch die Freundschaft festgebannt.

Wer kennt sich selbst? wer weiß, was er vermag?
Hat nie der Mutige Verwegnes unternommen?
Und was du tust, sagt erst der andre Tag,
War es zum Schaden oder Frommen.
Ließ nicht Prometheus selbst die reine Himmelsglut
Auf frischen Ton vergötternd niederfließen?
Und könnt er mehr als irdisch Blut

Durch die belebten Adern gießen?
Ich brachte reines Feuer vom Altar;
Was ich entzündet, ist nicht reine Flamme.
Der Sturm vermehrt die Glut und die Gefahr,
Ich schwanke nicht, indem ich mich verdamme.

Und wenn ich unklug Mut und Freiheit sang
Und Redlichkeit und Freiheit sonder Zwang,
Stolz auf sich selbst und herzliches Behagen,
Erwarb ich mir der Menschen schöne Gunst;
Doch ach! ein Gott versagte mir die Kunst,
Die arme Kunst, mich künstlich zu betragen.
Nun sitz ich hier, zugleich erhoben und gedrückt,
Unschuldig und gestraft, und schuldig und beglückt.

Doch rede sacht! denn unter diesem Dach
Ruht all mein Wohl und all mein Ungemach:
Ein edles Herz, vom Wege der Natur
Durch enges Schicksal abgeleitet,
Das, ahnungsvoll, nun auf der rechten Spur
Bald mit sich selbst und bald mit Zauberschatten streitet
Und, was ihm das Geschick durch die Geburt geschenkt,
Mit Müh und Schweiß erst zu erringen denkt.
Kein liebevolles Wort kann seinen Geist enthüllen
Und kein Gesang die hohen Wogen stillen.

Wer kann der Raupe, die am Zweige kriecht,
Von ihrem künftgen Futter sprechen?
Und wer der Puppe, die am Boden liegt,
Die zarte Schale helfen durchzubrechen?
Es kommt die Zeit, sie drängt sich selber los
Und eilt auf Fittichen der Rose in den Schoß.

Gewiß, ihm geben auch die Jahre
Die rechte Richtung seiner Kraft.
Noch ist, bei tiefer Neigung für das Wahre,
Ihm Irrtum eine Leidenschaft.

Der Vorwitz lockt ihn in die Weite,
Kein Fels ist ihm zu schroff, kein Steg zu schmal;
Der Unfall lauert an der Seite
Und stürzt ihn in den Arm der Qual.
Dann treibt die schmerzlich überspannte Regung
Gewaltsam ihn bald da, bald dort hinaus,
Und von unmutiger Bewegung
Ruht er unmutig wieder aus.
Und düster wild an heitern Tagen,
Unbändig, ohne froh zu sein,
Schläft er, an Seel und Leib verwundet und zerschlagen,
Auf einem harten Lager ein:
Indessen ich hier, still und atmend kaum,
Die Augen zu den freien Sternen kehre
Und, halb erwacht und halb im schweren Traum,
Mich kaum des schweren Traums erwehre."

Verschwinde, Traum!
Wie dank ich, Musen, euch!
Daß ihr mich heut auf einen Pfad gestellet,
Wo auf ein einzig Wort die ganze Gegend gleich
Zum schönsten Tage sich erhellet;
Die Wolke flieht, der Nebel fällt,
Die Schatten sind hinweg. Ihr Götter, Preis und Wonne!
Es leuchtet mir die wahre Sonne,
Es lebt mir eine schönre Welt;
Das ängstliche Gesicht ist in die Luft zerronnen,
Ein neues Lebens ists, es ist schon lang begonnen.

Ich sehe hier, wie man nach langer Reise
Im Vaterland sich wieder kennt,
Ein ruhig Volk in stillem Fleiße
Benutzen, was Natur an Gaben ihm gegönnt.
Der Faden eilet von dem Rocken
Des Webers raschem Stuhle zu,
Und Seil und Kübel wird in längrer Ruh
Nicht am verbrochnen Schachte stocken;

Es wird der Trug entdeckt, die Ordnung kehrt zurück,
Es folgt Gedeihn und festes irdsches Glück.

So mög, o Fürst, der Winkel deines Landes
Ein Vorbild deiner Tage sein!
Du kennest lang die Pflichten deines Standes
Und schränkest nach und nach die freie Seele ein.
Der kann sich manchen Wunsch gewähren,
Der kalt sich selbst und seinem Willen lebt;
Allein wer andre wohl zu leiten strebt,
Muß fähig sein, viel zu entbehren.

So wandle du – der Lohn ist nicht gering –
Nicht schwankend hin, wie jener Sämann ging,
Daß bald ein Korn, des Zufalls leichtes Spiel,
Hier auf den Weg, dort zwischen Dornen fiel;
Nein! streue klug wie reich, mit männlich steter Hand,
Den Segen aus auf ein geackert Land;
Dann laß es ruhn: die Ernte wird erscheinen
Und dich beglücken und die Deinen.